歴史再検証 日韓併合

—韓民族を救った「日帝36年」の真実—

崔《チェ》 基《ケイ》鎬《ホ》

祥伝社黄金文庫

まえがき

私はこれまで、『韓国堕落の2000年史』（祥伝社）において、古朝鮮の成立から十九世紀末の閔妃《びんぴ》暗殺までを論じ、続く『日韓併合の真実』（ビジネス社）においては、それ以降、一九一〇年の併合に至るまでの経緯を検討してきた。そして今回、俗に「日帝三六年」（実際は三五年だが）といわれる日本統治時代に目を向けようとしたのが本書である。

私の結論を一言で述べれば、現在の韓国の教科書が教えていることと、日本統治の実態とは、あまりにもかけ離れているということだ。つまり韓国側の歴史観は、歪曲がはなはだしい。独りよがりで被害者意識に凝《こ》り固まり、事実をとらえようとはしていない。

ご承知の通り、韓国で植民地時代の日本統治について肯定的にとらえようとするのは、相当の覚悟がいる。極端な話、身の危険も覚悟しなければならない。だが私は、この本でどうしても言わねばならない。

作家・李光洙《りこうしゅ》は、「民族改造論」において、民族最大の欠点は「ウソつきで人をだますこと」だと述べているが、歴史の歪曲、身勝手な解釈はまさに韓民族の宿痾《しゆくあ》であり、これがもとで幾度実態を見誤り、国を滅ぼしてきたかしれない。感情に流されることなく歴史に何があったかを正しく見つめ、そこから教訓をすくい取るということが、この国にはあまりにも欠けている。

簡潔にいえば、李朝に五〇〇年にわたって支配されてきた併合前の朝鮮半島の実態を、私たちは、あまりにも知らなすぎる。もっとも分かりやすい例でいえば、二十一世紀のこの時代にあって、大多数の国民が飢餓に苦しむ専制独裁国家を思い起こすとよい。北朝鮮は李氏朝鮮のまさにクローンである。戦後、日本時代の遺産をすべて壊し、元の姿に戻ったにすぎない。あの国が自主的に近代化を成し遂げられると考える人が、はたしているだろうか。仮に今、日本が北朝鮮を併合して統治するとなれば、金《キム》一族を除く北朝鮮国民は、随喜の涙を流すに違いない。

その北朝鮮に同情を示し、呼応して「反日・反米」を叫んでいるのが韓国であり、近年その傾向は強まる一方だ。何が本当で何がウソか、誰が味方で誰が敵か、ウソで固めた歴史観では、正当な判断力が養われるわけがない。

これは歴史で何度も繰り返された亡国のパターンであり、私は早くから「このままでは韓国は潰れる」と唱えてきたが、その危機がいよいよ近づいてきたことを感じずにはおられない。いかにして真実を究明するか、本書を著《あら》わす理由はここにある。

二〇〇四年八月吉日

崔《チエ》 基鎬《ケイホ》

目次

序章

李完用《りかんよう》と伊藤博文《いとうひろぶみ》

「売国奴」のレッテルを貼られた李完用《りかんよう》

一九一〇（明治四十三）年八月二十二日、「韓国併合に関する条約」が、大韓帝国の首相・李完用と日本の統監・寺内正毅《てらうちまさたけ》との間で締結された。

これに先立つ一九〇五年の日韓保護条約（韓国では乙巳《ウルサ》保護条約）締結の際も、李完用は学部大臣としてこの条約に賛成し、このとき、ともに賛成した他の四人の閣僚とともに、「乙巳五賊《オジヨク》」と呼ばれたが、これによって韓国における彼の「悪名」は完全に定着した。

今日でも彼の名は「売国奴」の代名詞であり、その業績を一部でも評価しようとすれば、その人間はたちまち激しい糾弾《きゆうだん》を浴びて、社会的に抹殺されてしまいかねない状況である。

だが、政治家として彼がとった選択は、それほどに非難されねばならないものだったのだろうか。

李完用は一八五八年、京畿道広州《キヨンギドクアンジユ》生まれ。二四歳で、科挙文科に合格し、一八八六年、最初の英語学校である育英公院に入学した。当時より秀才の誉《ほまれ》が高かった。

一八八七年、米国駐在公使館に参事官として赴任し、翌年には駐米代理公使に就任した。

一八九五年より外部（外務）大臣、学部（文部）大臣、農商工部大臣を歴任、翌年、徐《じょ》戴弼《さいひつ》らと独立協会（最高愛国集団）を結成、初代委員長に選出された。

一八九八年、独立協会会長として、万民共同会を開催し、ソウル都心部で独立鼓吹の街頭講演会も多数開催していた。

一九〇五年、日韓保護条約（韓国では乙巳《ウルサ》保護条約）に賛成。

一九一〇年、大韓帝国全権委員として、日韓併合条約に署名。併合後は朝鮮貴族に列せられ、明治天皇より伯爵を賜与《しよ》。その一〇年後、侯爵に叙せられた。

こうした彼の履歴を一覧すれば、外交畑を歩み、対日観においては、一貫して親日的であったことは確かである。だが、私はあらゆる文献を通じて調べた結果、彼は稀代《きたい》の愛国者であることを認識した。

一九一〇年八月二十二日、彼が総理大臣として日韓併合条約に調印したのは、朝鮮の専制王朝が最後まで文明開化を拒《こば》み、過度の浪費で、極貧と飢餓に疲弊する民族を放置していることを見るに見かねて、日本の全面的協力を得て民族の再興を期するためであった。

彼ばかりではなく日韓保護条約、日韓併合条約に賛成した大臣たちは、民族の繁栄を希求し、滅亡を事前に防ぎたいという念願から、合邦に賛成しているのである。

彼らは当時の朝鮮国内の状況から、やむにやまれぬ政治選択をしたのであって、むしろ政権担当者の責任として、当然の行ないをしたまでである。

日韓併合の是非は、当時の朝鮮王朝がどのような体制にあり、庶民の生活、社会の状況がどうなっていたのかを、正しく見つめなければ、何も論じられない。それについては、本書で追々、述べていくこととする。

それはともかく、李完用は売国奴と呼ばれ、死後、墓が暴《あば》かれる剖棺《ブグアン》斬屍《チャムシ》という極刑にまで処されたが、彼は韓民族としての誇りを失わず、日本に対しても無条件で阿諛《あゆ》追従《ついしょう》したわけではなかった。

それは次のような点からも明らかである。

一、生涯日本語を使わず、英・韓語を常用して民族の自尊心を高揚し、一般の百姓たちから厚い尊敬の的《まと》であった。
二、東洋で最高の名筆家として、明治天皇からも親筆の額を要請されたほどで、今も独立門の額や王宮などに、彼の筆跡を目にすることができる。

三、高邁《こうまい》な人格の所有者で、外部大臣在任中は、ロシアの朝鮮併合政策を挫折《ざせつ》させた。
四、政策面で彼は貞洞派《ジョドンパ》（日中と距離を置き英米露に親近感をもつ）に近く、親日派や売国奴にはほど遠い存在で、近代化と民族の繁栄をひたすら願っていた。

李完用は一九二六年、六八歳のとき、李在明《イジエミョン》から受けた傷がもとで死去した。斎藤実《さいとうまこと》総督（当時）は弔辞の中で「李完用侯爵は東洋一流の政治家であり……、彼の人格はあらゆる人たちの欽慕《きんぼ》の的であり、彼の死は国家の一大損失である……」と述べた。彼の葬礼は高宗《こうそう》の国葬のとき以来の規模で、大勢の人が参列し、彼を慕《した》う人波が一〇里（朝鮮の言い方で約四キロ）も続いた。

初代統監・伊藤博文《いとうひろぶみ》の功績

同じく、日本の朝鮮支配を導いた最大の「悪玉」とされる日本人は、伊藤博文である。明治日本を築いた最大の功労者である彼の出自は、現在の山口県にあたる長州であり、この地の開祖が、百済聖明《くだらせいめい》王の子、琳聖太子と、その系列の後裔《こうえい》であることに留意すべきである。

彼は六四歳で、韓国の統監として赴任し、「日韓保護条約」（一九〇五年）、「日韓新協約」（一九〇七年）を結んだが、当時の韓国の財政は破滅的状況で財源は涸渇し、政財界には不正と腐敗だけが蔓延《まんえん》していた。

伊藤が統監として赴任した三年間、彼は祖国日本から無利子、無期限の資金三〇〇〇万円を引き出し、韓国の道路、学校、水道、土木工事、鉄道、病院建設にこれを充当した。

彼は韓国および韓国人のために、中央政府の大臣と、地方長官には韓国人を任用し、日本人はその下の補助役に就かせるにとどめた。そればかりではなく、日本人には荒蕪《こうぶ》地の開発などの難しい仕事をやらせた。だがこうした事績は、韓国では（あるいは日本でも）、不当にも抹殺されて、顧《かえり》みられることもない。もしも安重根《あんじゅうこん》が伊藤の出自と真の功績を知っていたら、歴史は変わっていただろう。

李朝当時の韓国は、両班《ヤンバン》という堕落した不労所得者の貴族集団が、良民、農民たちから財産と生産物を奪い、百姓たちは瀕死の状態に喘《あえ》いでいた。

李朝の五〇〇余年間、正式の学校もなく、名ばかりの国立（官立）学校が四校あるにすぎなかったが、伊藤は、教育の重要性を考えて「普通学校令」を公布し、統監府時代（一九〇六～一〇年）には、すでに日本の資金で一〇〇校以上が築造され、合邦以後もそれは続き、一九四三年には五〇〇〇校に達した。

また李朝の腐敗した統治にあってインフレーションに悩む民衆のために、朝鮮を「円通貨圏」に統合した。朝鮮史上、紙幣が流通したのは、実はこれが初めてのことで、これによって物価が安定し、朝鮮に「現代的貨幣制度」が確立されたことも、伊藤の功績である。

李完用と同様、伊藤博文の功績も、冷静な視点で、いま一度、見直されるべきである。

自主独立の道を自ら拒《こば》んだ李王朝

李朝成立後、四八四年が過ぎた一八七六年二月に結ばれた「日朝修好条規」は、全文一二条から成る。

この修好条規の第一条に「朝鮮国は自主の国」とあることは、きわめて重要な意義を持つ。一三九二年の李朝開国は、高麗《こうらい》の重臣であった李成桂《りせいけい》が、明《みん》との戦いで遼東《りようとう》地方奪回に出陣し、密かに敵と通じて、威化島《いかとう》（鴨緑江《おうりよっこう》下流の島）で軍を翻《ひるがえ》し（回軍）、逆にときの高麗王（禑《ぐ》王）と上官の崔瑩《さいえい》（総理兼参謀総長）将軍を殺し、政権を簒奪《さんだつ》した結果によるものである。

敵国であった明の協力で打ち立てた国であるから、その後の李朝が明の隷属国家に転落したのは必然である。国民は奴隷《どれい》民族化され、私有財産も没収された。李朝は専制王権制度に体制を変え、朝鮮民族が古代から高麗にいたるまで連綿と持ちつづけた国際的自尊心を放棄し、明の属国として堕落が始まった。

このような環境の中で、階級制度は固定化し、創意工夫の精神は圧殺された。こうして李朝は、搾取《さくしゅ》と虐政《ぎゃくせい》の中にあり、国王は名ばかりでなんら政策も施さず、その政府には国家の予算案すら存在しないという無軌道ぶりだった。いわば民衆は無政府状態に置かれていたのだった。

それを考えると、「日朝修好条規」第一条の「朝鮮国は自主の国」との言葉の持つ意味の重大さがわかってくる。だが清《しん》と朝鮮との主従関係を断ち切ろうとした日本の狙《ねら》いは、実際には実現にほど遠く、清の保護下にある李朝の専横は変わることなく、民衆は相も変わらず、塗炭の苦しみを味わいつづけていた。近代化と自主独立の道を拒否しつづける李朝の存在は、東アジアの情勢に不穏な種を宿していたのである。

李朝は一八九七年、国号を「大韓帝国」とあらため、年号を「光武」とした。王を皇帝と称し、表面的には五百十余年ぶりに明・清の束縛を脱し、独立国家を形成したが、実態は、変わるところがなかった。

一九〇四年、日清戦争に次いで日露戦争を控えた日本は、こうした朝鮮の惨状を見かねて、目賀田種太郎《めがたたねたろう》（一八五三〜一九二六年）を財政顧問として派遣し、日本からの財政支援をもとに、李朝をまともな国として建て直すという態勢がようやく緒《ちょ》につくことになった。

目賀田財政顧問と統監府は、朝鮮の歳入不足分を補塡《ほてん》するために、日本国民の税金から、大韓帝国政府に無利子、無期限の資金「立替え」を実施したほか、直接支出で援助した。

たとえば一九〇七年度で、朝鮮の国家歳入は七四八万円しかなく、必要な歳出は三〇〇〇万円以上であったから、その差額は全額日本が負担した。

一九〇八年度には、これがさらに増えて、合計三一〇〇万円という巨額の資金を日本は支出した（23ページ表1）。

統監府時代の四年間に、日本政府が立て替えた朝鮮の歳入不足分は、一四二八万円にのぼった。

それればかりではなく、司法と警察分野などに日本政府が直接支出した金額は、立替金の数倍、九〇〇〇万円に達している。現在の朝鮮・韓国の歴史では、日本の特恵的支援には一言も言及がなく、侵略だけを強調しているが、これがいかに偏狭な史観であるかを自覚しなければ、将来は開けない。

一九一〇年八月二十九日には、明治天皇から臨時恩賜《おんし》金として三〇〇〇万円が与えられ、旧韓国が日本政府から借用していた二六五一万円は、そっくり棒引きにされた。

前述したとおり、李朝には元々、予算の編成能力などはなく、目賀田顧問の指導、監督の下で初めて予算が編成された。いかに李朝が非社会的な存在であったか、わかろうというものである。飢餓には食糧と金が必要であって、名義と暴力では解決しない。

歳入の三分の二を日本政府の持ち出しで賄《まかな》った朝鮮

日韓併合後の補充金と称する日本政府の持ち出し（日本人の税金）は、一九一一年が一二三五万円で、それ以前の平均二五〇〇万円の半額に減った。これは残りの半分を日本政府発行の公債と、日本からの借入金で補っており、毎年日本から約二〇〇〇万円前後を調達するという状況は変わっていなかった。

これは朝鮮自体の税収入の倍額に及んでいる（次ページ表2）。

日本の朝鮮への財政負担

〔併合前〕　〈表1〉

年　度	日本の立替金※	日本政府の直接支出	計
1907	177万円	約2500万円	約2700万円
1908	526万円	約2600万円	約3100万円
1909	465万円	約1600万円	約2100万円
1910	260万円	2242万円	約2500万円
計	1428万円	約9000万円	約1億400万円

※旧韓国政府の歳入に計上

〔併合後〕　〈表2〉

年　度	公債・借入金	補充金	計	朝鮮人自体の税金と印紙収入
1911	1000万円	1235万円	2235万円	1330万円
1912	1490万円	1235万円	2725万円	1468万円
1913	1110万円	1000万円	2110万円	1562万円
1914	764万円	900万円	1664万円	1854万円

朝鮮の歳入の2/3を日本が負担していたことがわかる

つまり朝鮮は、財政の過半から三分の二を日本人の税金によって賄《まかな》った結果、ようやく近代化に向かって出発することができたのである。

これ以外に、駐留日本軍二個師団の経費は、すべて日本持ちであった。

終戦後、独立した韓国・朝鮮の教育は、日韓併合を日本帝国主義の侵略政策の産物であったと糾弾するが、これがいかに歴史の実態を無視した身勝手、自己中心的解釈であるかは、いうまでもない。

日韓併合によって、搾取され呻吟《しんぎん》したのは、韓国・朝鮮国民ではなく、日本国民であった事実を認めるべきである。

一九一〇年から一九四四年までに日本政府が発行した公債は、二一億六五六六万円であり、このうち償還された七億二五九五万円を差し引いた、一四億三九七一万円が未償還額ということになる。これに立替金その他の直接支出と補充金を合わせると、総計では二〇億七八九二万円にのぼることになる（次ページ表3）。

日中戦争は、朝鮮銀行が軍事費を負担

仮に、戦前の一円が現在の一万円に相当すると計算すると（実際は一円＝三万円だが）、

朝鮮に対する日本の投資額

〈表3〉

立替金その他	1億400万円
補充金	5億3521万円
公債未償還	14億3971万円
合　計	20億7892万円

1910～1944年の合計を少なく見積もった概算が上記のとおりである
（当時の1円は現在の3万円と換算される）

国・地域別　人口の推移

〈表4〉

国・地域	期　間	年平均増加率
朝鮮（日韓併合時代）	1910～1940年	2.09%
朝鮮（李朝末期）	1777～1877年	（100年で −6.79%）
日本（本土）	1910～1942年	1.24%
台湾（日本時代）	1905～1943年	1.85%
アジア全体	1900～1950年	0.84%
世界全体	1900～1950年	0.85%

【資料】韓国文教部、教師用指導書（1989年）、
『二十一世紀、親日問題』（朴鉅一著、2003年）

日本は約二〇兆七八九二億円という莫大な金額を、韓国・北朝鮮に投資したことになる。

だが、実際には裏もある。

朝鮮銀行が日中戦争の戦費を調達したことは確かだが、朝鮮の統治にあたって、日本は「大陸兵站《へいたん》基地」という構想を持っていた。

日露戦争以来、日本の仮想敵国はロシアであった。日露戦争の勝利は局地的、戦術的なものであって、ロシアは依然として北の脅威でありつづけた。これに対する防衛線として「満州」の確保が必要であった。この、大陸へ進出するための軍事基地がすなわち、朝鮮であった。これが日本にとっての「朝鮮」の位置づけだった。

そうした流れから見て今の韓国においても、もっとも重要な位置を占める京釜《けいふ》線（京城《ソウル》～釜山《プサン》間）などの鉄道路線が、京義《けいぎ》線（京城～新義州《シンウイジュ》間）とともに軍事上の目的で作られたことは確かである。

一九三七（昭和十二）年、日中戦争勃発とともに、朝鮮は初めて軍事費を負担することとなった。それは朝鮮総督府特別会計から臨時軍事特別会計へ繰り入れられた。

その総額は、一九三七年から一九四四年までで、一〇億六六〇〇万円である。この金額は、日本が朝鮮に支出した金額と同額に近い。

三五年間の併合時代に日本からの一方的支出に頼った朝鮮（在朝鮮日本人・日本企業も含む）は、日本の対中戦争に全面協力した形になる。

大蔵省の公式記録によると、日本の日中・太平洋戦争の戦費は、七五五九億円で、当時の一円を一万円と見なして換算すると七五五九兆円で、その三〇％が本土で消費され、残りが中国大陸や太平洋（南方）で使われたという。

「朝鮮銀行史」によると、日中戦争の戦費の大部分は、朝鮮銀行と中国連合準備銀行（連銀）との「預け合い」という形で調達された。

日本銀行が朝鮮銀行に戦費を振り込むと、朝鮮銀行は連銀に同額を振り込み、同時に連銀は同額を朝鮮銀行に預け入れる形をとる。朝鮮銀行は必要に応じて連銀円を連銀の自己口座から引き出して現地軍に渡す。

ところが、朝鮮銀行は連銀から預金を引き出せない。日本銀行から振り込まれた日本円は、日本政府発行の国債購入で、そっくり日本側に戻ったのである。

結局、すべてを朝鮮銀行が背負い込む形で、戦費は調達されたのである。

そればかりではない。臨時軍事費で軍が朝鮮で物資を購入する。その支払いを朝鮮銀行券を使ったので通貨が膨張した。一九四三（昭和十八）年には、一四億六六〇〇万円であったのが、一九四五年には四三億三九〇〇万円となっている。

その期間、日本銀行券は倍になっていないのに、朝鮮銀行券は約三倍に膨張していた。

そのために、朝鮮における物価上昇も激しく、物価指数は一九三七（昭和十二）年を一〇〇とすると、四一年が一六一、四四年が二一七であった。闇《やみ》物価も、日本では公定価格の三倍ぐらいであったのに、朝鮮では一〇倍程度にもなっていた。

一九三七年の日中開戦になって、朝鮮銀行が併合以来初めて、日本の軍事費を調達したことを意味する。

歴史の事実に目を向けない人たち

先にも触れた（18ページ）が、一九一〇年の日韓合邦当時、韓国には近代的教育機関は、百数十校しかなかった。

それも一九〇六年の伊藤博文統監就任から、合邦までに作られた学校が一〇〇校以上あるから、それ以前は言わずもがなである。それが一九四三年頃には五〇〇〇校となり義務教育制が普及していった。

一九九五年、江藤隆美《えとうたかみ》総務庁長官のオフレコでの発言が記事となり、物議をかもすこととなった。その内容というのは「日本は朝鮮植民地支配でいいこともした」というものだが、私は氏の発言はしごく正しい史実を語ったと考える。

私は政治的な問題には関係したくないが、史実を正しく認識すべきだとの考えから、江藤長官の発言を歓迎した。日本と韓国で非難が起こり、氏は辞任したが、史実の認識は感情を除外しないといけない。日本の有力政治家がこの種の発言を行ない、結果内外の批判を浴びて閣僚を辞任するという事件がときおり起こるが、批判する側は「日本の朝鮮植民地支配＝悪」という結論が先にありきで、歴史の事実にまったく目を向けようとしない。「あったこと」と「なかったこと」を混同すると「歴史の歪曲」になり、両国にとってためになることは何もない。それゆえに、日本・韓国双方ともに、正しい歴史に修正すべきである。それは可能なことであり、唯一、100％歴史を偽造したような国も存在するが（北朝鮮）、こういう国はやがて自滅の運命を招くしかないであろう。

歴史は現在を映すもっとも重要な鏡であり、発展のための未来指向の科目であるのに、権力者たちの都合に合わせ、勝手に歪曲するのは、不幸を招くことになる。

現在の北朝鮮は、李朝五〇〇年のクローンである

二〇〇三年九月八日、原子力発電所の廃棄物処理施設を誘致する問題を話し合うため、扶安《プアン》郡にある開所寺の住職を訪ねた扶安郡守（郡長）・金宗奎（当時五四歳）は、七時間あまり監禁され、踏んだり蹴ったりの集団暴行を受けた。地方自治体の最高責任者であり、住民多数の選挙によって支持され当選した郡守が、その住民によって、あわや殺されるところであったが、すんでのところで警察に救出され、全北大学病院に緊急移送された。

この日、金郡守は住民代表との対話に臨んでいたが、突如別のグループが闖入《ちんにゅう》し、「問答無用」と叫びながら暴力行為におよんだという。

実は、今日においても、韓国でのこの種の暴力事件は珍しくない。これは、自主独立の祖国・高麗から政権を簒奪した李朝の開始当初から連綿と続いていることである。

李朝五一八年間、政治も経済も国家も、まったく存在しないに等しかった。あったのはごく少数の支配階級と大多数の奴隷（常民《サンミン》・賤民《せんみん》）だけだ。

朝鮮で最初のハングル小説『洪吉童伝《ホンキルトンジオン》』を著わした許筠《ホキュン》は、奇俊 格《キジュンキョク》という無名の人間の讒言《ざんげん》によって刑死、家族は奴婢《ぬひ》に転落したが、その讒言の真偽を問われることはなく、

問答無用で処刑された。また最高の功労と勲功を樹《た》てて国の危急存亡の秋《とき》を救った李舜臣《りしゅんしん》将軍にしても、競争相手の元均《げんきん》による讒言でソウルに押送され、問答無用の死刑宣告を受けた。

朝鮮民族のこのような体質が、日韓併合に対する問答無用の糾弾に連なっていることは、論を俟《ま》たない。

李朝は、讒言と嘘《うそ》で血塗られた残酷史の連続であった。これは、今日、北朝鮮の金《キム》政権に引き継がれている。

残念ながら、私は李朝五〇〇余年の「朝鮮王朝」と今日の「北朝鮮」は、住民を奴隷にした暴虐集団である点で共通していて、「国家」という概念には当たらないと考える。

「小中華」の夢想の空間で腐蝕《ふしょく》した朱子《しゅし》学を唯一無二の学問と仰ぎ、すべての科学・社会・宗教・芸術を虐待しつづけ、両班階級が住民を蛆虫《うじむし》のように扱った五〇〇余年間、人口は今日の北朝鮮と同様、搾取と飢餓によって減少を続けた。

他力本願ながら、そうした李朝の歴史に終止符を打った日韓併合は、この民族にとって千載一遇の好機であった。これを否定することは、歴史の歪曲である。

併合時代に人口が倍増した朝鮮

日韓併合とともに朝鮮の人口は、驚異的に増加した。たとえば、韓国の教師用国定歴史（国史）教科書によると、一七七七年、総人口は一八〇四万人であったが、一〇〇年後の一八七七年には、一六八九万人で6・79％減少した。

さらに日韓併合時の一九一〇年には、一三一三万人となった。それが、三二年後の一九四二年の人口は二五五三万人で、併合時の倍近くになった。

このことは、李朝五一八年の統治がいかにひどいものであったかを如実に証明している。

日韓併合によって韓民族が享受した社会の改善点を挙げると、おもなところで以下のようになる。

一、両班・常民・賤民などの階級制で、少数の支配者が住民の大部分を服従させる悪弊が払拭《ふっしょく》された。
二、法治制度のもとに公正な裁判が行なわれるようになり、賄賂《わいろ》の慣習が一掃された。
三、私有財産制度の確立・処分・移動・職業選択と居住の自由と経済秩序の確立。

四、鉄道・道路・橋梁などの交通機関の整備により、経済が活性化し、李朝での飢餓問題も解決された。
五、教育が普及し、医療制度も近代化して予防制度が確立した。

李登輝《りとうき》氏の姿勢に学べ

文教部発行の国定歴史（国史）教科書の日本に対する記述には、

「彼らの国家利益を増やすために、朝鮮を開発し、日帝の侵略政策で、民族の経済活動は大幅に萎縮し、民族産業も、その発展が抑えられ、沈滞せざるを得なくなった」

と、まったくでたらめな記述をしている。

このような教え方では、卑屈な考え方を青少年に植え付けるにすぎない。われわれは併合時代以前の歴史を顧《かえり》み、日本によって他力本願でありながら、近代的産業開発を学び、教育によって経済活動にも専心することができたのである。

一方的に享受する側であるから、初めのうちは屈辱感があっても当然だが、日本の援助を受け入れ、誠意を尽くして実力を養えば、日本と同等、または日本以上にも発展することも可能であった。

今日の韓国と台湾は、日本によって育成された史実を認めるべきである。

台湾の李登輝前総統は、明治から太平洋戦争の敗戦まで、日本が周辺の諸国を侵略して収奪したという歴史観がある中で、日本時代にこそ、今日の台湾の経済発展の基礎が培《つちか》われたと言い切っている。その姿勢から、韓国・朝鮮の指導者たちは率直に学ぶべきであると思う。

一章　なぜ、歴史の真実に目を向けないのか

激動の二十世紀と日韓併合の再評価

十九世紀末から二十世紀にかけて、世界史上、もっとも驚異的な現象がアジアの極東において、新しい光として輝きだした。

それは極東の小さな島国と考えられた日本が、旭日昇天の発展を示したことである。中国（朝鮮も）が斜陽に傾く中、明治維新後の日本は、当時の世界の強国・眠れる獅子《ライオン》「清」と戦って勝ち、その一〇年後には、三国干渉以来の仇敵《きゅうてき》でもあった「帝政ロシア」と日露戦争を戦い、これを勝利に導いた。

六〇〇余年前、自主独立の国であった高麗は、明に戦争で勝つ成算と、民族の故地である東北部（旧満州）を取り戻す見込みがあったにもかかわらず、李成桂の裏切りによって敵国であった明に臣従し、その属国になり下がった。

そうして建国された李氏朝鮮は、スタートから血で血を洗う骨肉の争いと、つまらない権力維持のために、百姓の生殺与奪をほしいままにし、明の腐敗した儒教・朱子学を国教とし、住民を四階級に区分した。既存の産業を潰《つぶ》し、インフラ整備を完全に遮断させたまま、百姓を生屍《いきかばね》（民草）に取り扱ったために、開化と近代化を志向した志士たちは容赦なく処断された。

悪辣《あくらつ》きわまりない李朝の統治下で五〇〇年を経過した朝鮮に隣接し、この生屍に等しい百姓を再生させたのが、日本であり、日韓併合であったことは歴史が証明している。

だが終戦とともに、北朝鮮では金日成《キムイルソン》集団が中心となって、再び以前の李朝のコピーとなり下がり、数千万の百姓を餓死か、それ寸前の境遇に落として、苛《いじ》めつくし、自由と財産を強奪する圧政を続けている。北朝鮮の暴力集団を、同胞だとか、まともな国家と見なすとは、非常識もはなはだしい。国連による制裁もない今日、北朝鮮住民の明日への希望はまったく見えない。

国家には、領土・人民・主権の三要素と、国民の生命・財産を守る任務があるとされるが、李朝五一八年間と二十世紀の北朝鮮では、まったく顧《かえり》みられていない。

スターリンによって送りこまれた金日成が北朝鮮でまず着手したのが、日韓合邦時代の北朝鮮住民の生命と財産の掠奪《りゃくだつ》であった。そして繰り返し、「革命」を合唱した。「革命」とは、実力のある有為の人たちを殺すことであった。そうして一〇〇〇万の離散家族を発生させ、数百万人を虐殺し、餓死させた。

応募者が殺到した手稲《ていね》鉱山の徴用

北朝鮮の現暴力集団は、はなから嘘《うそ》と騙《だま》しで成立した集団である。この暴力集団は、昨今、日本に対して戦時中に朝鮮人青年七五〇万人を強制連行したとして、慰安婦問題とともに一三〇億ドルの賠償を要求した。

こんな嘘とでたらめの数字を出すのは、勝手にもほどがある。

そもそも北朝鮮系の人士、または朝鮮総連では、「徴用」を「強制連行」と言い換えているが、まったくおかしな話である。

一九三九年度から施行された「国民徴用令」によって、朝鮮からの徴用も開始され、多くの朝鮮人が日本本土に渡ったが、その内容は次のようなものだった。

たとえば、忠清南道《チュンチョンナムド》で実施された徴用の例でいうと、公州《コンジュ》・扶余《プヨ》・論山《ノンサン》・青陽《チョンヤン》・舒川《ソチョン》などに、北海道札幌の三菱手稲鉱業所から、約一〇〇〇名の鉱夫募集があった。ところが応募者数は約七〇〇〇名にのぼったために、次のような採用考査が施行された。

第一次　一九三九年九月五日

第二次　一九四〇年三月五日

場所　扶余邑事務所、及び各郡所在地の面（村）事務所
試験官　第一回佐藤典正《さとうすけまさ》（三菱手稲鉱業所責任者）
　　　　第二回金丸一郎、金相培《キムサンベ》（扶余邑長）
ほか補助役三名

　こうして厳選された約一〇〇〇名は、二組に分けられ、その中の一組は同年九月十一日、論山出発、翌十二日元山《ウオンサン》港着、輸送船（五〇〇〇トン級）で翌日の夕刻函館《はこだて》港に着いた。採用者（徴用者）たちは歓喜に溢《あふ》れ、船内では全員歌舞に耽《ふけ》って、元気旺盛そのものであり、手稲鉱業所への就業後も、休祭日は自由に札幌市内に繰り出し、ショッピングはもとより銭函《ぜにばこ》湾での船遊びまで楽しんだ。

　多くの青年たちは、札幌の市内観光や大門通りの遊郭回りに憩《いこい》を求め、一部は淋病や梅毒に感染し、中には局部の切開手術を受ける者もあって、監督機関では性病対策に苦慮して衛生サックを配るなどした（休暇中の公傷は全額支給）。

　このような徴用の光景は、一九四五年まで毎年見られた。

北朝鮮からの徴用は、ほとんどゼロ

「強制連行」の実態そのものが、以上のようであったのに加えて、朝鮮半島での適用地域は、現在の韓国が大部分であって、北朝鮮から徴用で日本に渡った形跡は、ほとんどない（舞鶴《まいづる》で発見された寄留簿を参考）。左ページの図が示すように、この資料が示すかぎりでは、人数的にも北朝鮮出身者は1％にも満たない。

また、一九三九（昭和十四）年から一九四五（昭和二十）年の敗戦までの間、日本政府の徴用令で、日本に渡航した朝鮮出身者がどれぐらいの数にのぼるかについては、もっとも多く見積もる資料でも約一五二万名（43ページ資料②）と、北朝鮮政府のいう「七五〇万」という数字とは、大きな隔たりがある。しかも資料②は、朝鮮総連系の発表による数字である。

一方、大蔵省管理局の調査によれば、その数は七二万四七二七人である（43ページ資料①）。

北朝鮮出身者の日本本土への徴用が少なかったのは当然で、というのも当時、植民地を含めた日本全体でもっとも工業化されていたのが北朝鮮で、約六〇〇万の現地従業員の移動離職を防止するために、ほとんどが現地採用の徴用であったからだ。

日本への徴用者の各道別一覧
（舞鶴で発見された寄留簿をもとに作成）

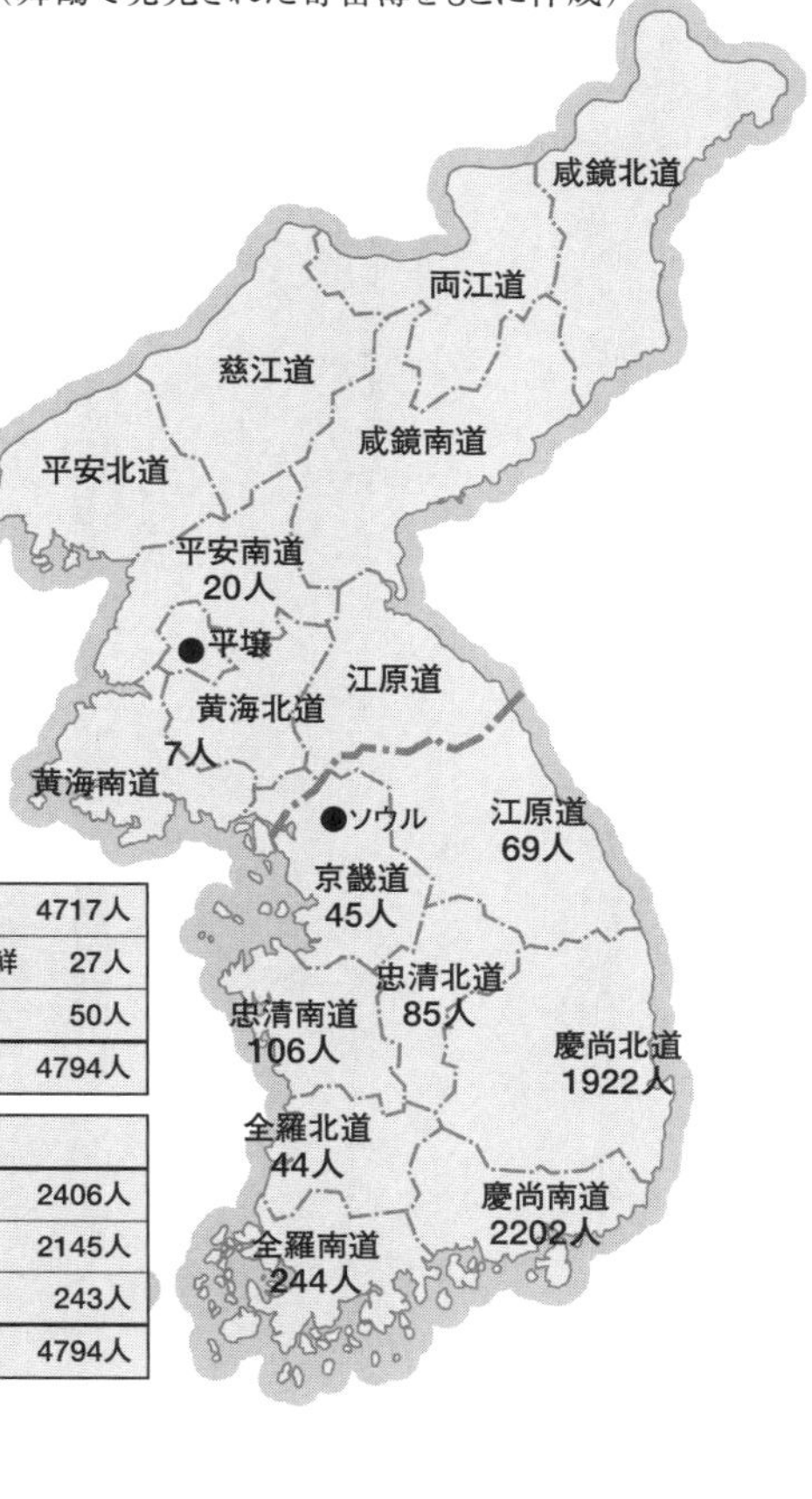

現在の韓国	4717人
現在の北朝鮮	27人
不　明	50人
計	4794人

男女別内訳	
男	2406人
女	2145人
不　明	243人
計	4794人

試しに今、北朝鮮で日本行きの徴用の募集があると仮定したら、おそらく、金正日《ジョンイル》を除いた約二〇〇〇万人の住民全員が、徴用での出国を希望するであろう。これが真実というものだ。

北朝鮮系（総連）では、徴用に志願した人数を含め、強制連行と主張するが、強制連行か、志願か、または徴用に対する応募であったかは、主観的判断による。国民徴用令に基づく徴用、または挺身隊の志願者が多かったのは明白な事実であって、それらすべてを強制的に連行したと言うのはおかしい。

徴用者は結婚相手として人気の的《まと》

では、徴用された者たちの労働条件は、いかなるものであったか。先ほども紹介した三菱手稲鉱業所の場合を見てみよう。

徴用期間は一年が基準とされ、当初は一日八時間労働の交替制だったが、戦争拡大化にしたがって労働時間は延長された。

待遇は、一般の事務職より約三倍程度高額の給与が与えられ、月平均給与額は一二〇円程度。作業はほとんど採鉱器を活用、削岩機・ドリル・トロッコが使われた。

日本に渡った朝鮮人労働者の数

資料①

年　度	計画数	石炭山	金属山	土　建	工場その他	計
1939	85,000	34,659	5,787	12,674	——	53,120
1940	97,300	38,176	9,081	9,249	2,892	59,398
1941	100,000	39,819	9,416	10,965	6,898	67,098
1942	130,000	77,993	7,632	18,929	15,167	119,721
1943	155,000	68,317	13,763	31,615	14,601	128,296
1944	290,000	82,859	21,442	24,376	157,795	286,472
1945	50,000	797	229	836	8,760	10,622
計	907,300	342,620	67,350	108,644	206,113	724,727

【出典】大蔵省管理局『日本人の海外活動に関する歴史調査』
朝鮮篇第9分冊63ページ

資料②

年　度	連行者数	出　所
1939	53,120人	第86議会説明資料
1940	81,119	高等外事月報
1941	126,092	
1942	248,521	
1943	300,654	
1944	379,747	日帝の経済侵奪史（朝鮮経済統計要覧）
1945	329,889	
計	1,519,142人	

【出典】琴乗洞『日本帝国主義の朝鮮同胞強制連行と虐待の実態』上
『月刊朝鮮資料』1974年8月号より

重複勤務の希望が多く、八時間制の三交替で一般的傾向として月間約一〇日、または一五日が重複勤務の場合、割増金を合計すると、月間一八〇円から二二〇円の支給額となったから、事務職、または本籍地の労働者の、約四倍ないし五倍以上の厚遇であった。また、夜間勤務には、勤務時間割増制もあって平均六時間程度であった。

一般の独身者には、寮などが無料で提供され、世帯持ちにはとくに独立の平屋建てが一戸ずつ提供されたから、本籍地または現地の未婚女性たちの結婚相手としても人気があったのは当然であった。

応徴中でも冠婚葬祭には、故郷の南朝鮮・忠清道などと往復するための休暇を与えられた。一ヵ月間の休暇を与えられ、帰郷した例も見られる。

この鉱山は、現在は廃鉱になっているが、札幌市手稲区にあった（当時は軽川駅を利用、今日の手稲駅）。

当時は山林であったこの村は、現在は手稲スキー場として栄えているが、清涼の雰囲気で銭函湾を遠望でき、素晴らしい景勝地としても知られている。

終戦後五〇数年が経過した時点から、徴用・挺身隊・徴兵など、否定的な面ばかりが強調されているが、真相はこのようなもので、このような論説は、すべて強制連行と表現することで、日本から賠償金を取ろうとする策略にすぎない。

たしかに強制連行か応徴かの解釈は、主観的な問題であることは以前にも言及した（42ページ）。人類社会のある以上、言葉の障壁、感情の行き違いなどで不祥事があったり、戦時中の虐待もありえたものと想像される。ただし、李朝時代の暗闇を隠蔽《いんぺい》して併合期間中と戦時を語ることは意味がない。

戦前、日本全体の中でもっとも工業化、発電などのインフラ整備が完璧なほど進んだのが北朝鮮であり、日本全国、とくに南朝鮮から、多数の青年を雇用し人口が集中していた。水豊ダム・興南窒素《こうなんちっそ》肥料工場は、北朝鮮を工業国家として発展させた。

なぜ体験者の証言より、空理・空論を重んじるのか

他人の言動の揚げ足をとるばかりで、実行を伴わないのが、韓国・朝鮮の一般的学者像である。ある土曜日の午後、我ら定年退職者たちは、孝昌《ヒョチャン》公園の楼台《ろうだい》に腰かけて、戦時中の徴用は、強制連行だったか否かを語り合った。

そこで私は、一九四〇（昭和十五）年、徴用に志願し、北海道の三菱手稲鉱業所で一年間経験したことを詳細に語り、実態は強制連行ではなく、自発的行為であったことを証言

した。

ところが聞いていたK教授は疑問を発し、新聞で読んだ話は、私の経験談とは、まったく正反対であるとし、徴用とは強制連行に他ならないと主張するのであった。知人の実体験に基づく証言は無視し、実情を知らぬ人の新聞コメントは信用するというわけである。

北朝鮮の事情については、北朝鮮から亡命または、脱北した人がもっとも詳しいはずだが、いまの韓国は、脱北者や黄長燁《ファンジャンヨプ》氏のような北朝鮮から亡命した高官の話には耳を傾けずに、左翼系の新聞・テレビや、北朝鮮の直接の宣伝を信用し呼応する。命からがら生きて帰った漁夫・船長などの証言よりも、北朝鮮の広告・宣伝に耳を傾けるのが韓国の学者群である。

地獄の北朝鮮に「帰国」した人たちの悲劇

一九五〇年六月二十五日、スターリン、毛沢東との共謀による韓国への南進攻撃以来、北朝鮮では莫大な青少年軍人の人命損耗により、極度の労働力不足を招来し、戦後の復旧作業にも困難をきたすようになった。そのため、労働力の補充先として、朝鮮総連系の在日朝鮮人に目を付けた。それが、〝地上の楽園〟という虚偽の宣伝に彩《いろど》られた北送船の真相である。

「地上の楽園」「教育も医療も国家負担」「住宅も無料提供」という甘い嘘八百の騙し文句につられて、朝鮮総連傘下の「在日朝鮮人」は、一九五九年十二月十四日から、日本という天国から生き地獄の北朝鮮へ、九万三三四六名が帰国した。

帰国した彼らは、「地上の楽園」とは正反対の、強制収容所に収容される運命となった。「地上の楽園」と信じたそこは、「地獄の中の地獄」であった。彼らは、利己主義と事大主義の朝鮮史を知らなかった。

これほどの悲劇がほかにあろうか。「元在日朝鮮人」はなぜ、強制収容所に送られたのか、日本に定着していながら、日本の文化と社会に融和しないで、社会主義または共産主義の美名に騙され、資本主義・市場経済の思想・制度を打倒の対象だと錯覚していた彼らであるが。

社会主義を信奉する、唯一思想の独裁者にとってみれば、憎むべき資本主義の思想が染みこんでいる日本からの帰還者は、日本人妻も含めて、もっとも警戒すべき存在であるから、強制収容するか、敵対階層に入れて、監視下の賤《いや》しい身分に陥《おとしい》れることしか考えられなかったのだろう。

〝地上の楽園〟ならぬ『地獄の中の地獄』で人々を餓死に追い込んだ北送の責任は、北朝鮮と朝鮮総連が負うべきであろう。

韓国歴史教科書の、目に余るウソ・デタラメ

事実を曲げて、歴史を都合よく書き直すことを歪曲というが、韓国・朝鮮が記す歴史はまさにそれで、独裁権力者が自分の都合に合わせて、故意に改竄《かいざん》しているために、ほとんど信用するに足りない。真実は闇に葬《ほうむ》られ、虚偽の蛆《うじ》が湧《わ》くようだ。

権力者たちの恣意《しい》に迎合して作られた「国定教科書歴史編」が、この傾向をさらに強めている。

そのもっとも顕著な例は、李朝五〇〇年末期の政治紊乱《びんらん》に蓋《ふた》をして、公然たる売官買職が横行し貪官汚吏《どんかんおり》が跳梁《ちょうりょう》した事実をまったく教えず、日韓併合がなければ、李朝は立派な国家として独り立ちできたかのような書き方をしているところに表われている。これこそ、実態を知らない歴史観である。

日韓併合を通じて、全国民に教育が徹底され、近代的医療制度が確立し、農漁業と重工業が興《おこ》り、社会のインフラ整備によって工業国家としての基礎が築かれたことは、明白な

事実である。

ところが終戦後、真の歴史は闇に包まれ、国定教科書の記述は重大な誤りを犯している。

例示すれば、以下のとおりである。
（一）「七奪《チルタル》」と称して、日本から奪われた七つの事柄を記しているが、この七つとは、国王、主権、土地、資源、国語、姓名、生命のことだという。これについては小著『日韓併合の真実』（ビジネス社刊）に明記している。あったことをなかった、なかったことをあったとする嘘の記述は現在も継続しているが、こうした行為が歴史から処断されるのは目に見えている。
（二）「『日帝』は金・銀・鉛・タングステン・石炭など、産業に必要な地下資源を略奪した」と被害者意識をふりかざすばかりで、李朝五〇〇余年間、資源開発とは無縁だったことには反省も見られない。

(三)「電気と鉄道などの事業は、朝鮮総督府や、日本の大企業がこれを握《にぎ》り、彼らの利益を増大することに利用した」と記すが、三〇〇〇万の住民が産業の動脈としてもっとも利用し、現代文明の黎明《れいめい》となった事実には蓋をした。

(四)「日帝の狙いは、韓国を日本の経済発展に必要な商品市場と原料供給地にし、彼らの国家利益を増大させるものであった。日帝の産業侵奪政策で我が民族の経済活動は大幅に萎縮し、民族産業もその発展が抑えられて、沈滞するほかなかった」などという記述にいたっては、コメントする気も起こらない。

これは李朝五〇〇年を知らないか、故意に隠蔽しようとするもので、いずれにせよ反省のみられない記述である。民族産業の芽を切り捨てたのは、ほかでもない李朝であり、李朝の下では経済発展など夢のまた夢であったこと、近代化を唱える者や、先進的な思想家は、反逆分子として、その親族までも処断されたという史実を、忘れたとでもいうのだろうか。

日本の金融機関の浸透に対抗して、民族資本によって一八九九年に天一銀行、一九〇三年に漢城銀行が設立されたが、個人金貸業にすぎなかった。一九〇六年、日本政府が天一銀行に二四万円、漢城銀行に一〇万円を無利子で貸し、倒産を救済した事実は表に出てこない。真の勲功者、目賀田種太郎の名も見えない。

（五）「林業分野でも膨大《ぼうだい》な山林が、朝鮮総督府と日本人の所有となってしまった」というが、李朝下では「禿山《はげやま》」ばかりであった。この禿山を緑豊かにしたのは日本人による努力の賜物《たまもの》であったことを曲解している。

絶望の朝鮮に救いの手を差しのべた人たち

李氏朝鮮の末期の世相は、未開の場、歴史のない国、不労所得の貴族（両班）による苛《か》斂誅求《れんちゅうきゅう》と、際限のない搾取で棄民・餓死者が続出する状態であった。そんな朝鮮にきわめて重要な箴言《しんげん》を与えた人々と言えば、福沢諭吉《ふくざわゆきち》をはじめ李東仁《りとうじん》・金玉均《きんぎょくきん》・刘大致《りゅうだいち》・内《うち》村鑑三《むらかんぞう》・咸錫憲《かんしゃくけん》・原敬《はらたかし》（総理大臣）・吉野作造《よしのさくぞう》（東京帝大教授・大正デモクラシーの旗手）・柳宗悦《やなぎむねよし》（東洋大・同志社大・専修大教授）・中野正剛《なかのせいごう》（東方会設立・後に東条英機と反目して割腹）・石橋湛山《いしばしたんざん》（自民党総裁・首相）・崔南善《さいなんぜん》・李光洙《りこうしゅ》などの実力者たちであった。

李光洙（春園《しゅんえん》）は、三・一独立運動・上海臨時政府の立役者であるのに、彼の優秀な啓蒙思想（民族改造論）はいまだに眠っている。

有用な忠言・忠告に聞く耳を持たず、逆に妄言だと裁定して抗議するのが、この国の実態である。歴史を顧みない行為は禍《わざわい》を招くだけである。

韓国・朝鮮の財政史を調べても、一九〇〇年代、日本の投資は当時の朝鮮一国の収入の数倍に達した（序章で詳述）。

このように韓国が二〇〇二～四年の歴史教科書で、まったく嘘ばかりを並べていることは同胞として恥ずかしいかぎりである。

一九三〇年代、日本のインフラ整備は北朝鮮に集中投資され、その結果北朝鮮は工業化された。発電所は水豊ダムを中心として各地に建設され、興南窒素肥料工場の施設は、世界的大工業団地となった。

こうして北朝鮮は重工業国化し、南朝鮮からの出稼ぎも多く、したがって現地徴用はあっても、国民徴用令による内地への徴用も、慰安婦の募集も南朝鮮に集中しており、北朝鮮ではほとんどなかった。先にも触れたように北朝鮮が七五〇万人も強制連行されたなどというのは、もってのほかである。

二章　併合時代の歴史的真実

総督府による教育制度の近代化

韓国の高等学校国史教師用指導書（著作権者・大韓民国文教部）、179ページには、次のように記されている。

「一九〇五年、乙巳《ウルサ》条約（日韓保護条約）を締結することによって、日本は統監府を通じ、学制を改定した。高等学校を増設し、中学校を高等普通学校に改称しながら、わが国の最高教育機関とした。

これは大学をなくそうという、愚民化の教育政策であった」

朝鮮総督府の教育政策について、「愚民化政策であった」と解釈することは勝手だが、李朝下で両班《ヤンバン》から蔑視《べっし》されていたハングル（朝鮮文字）を、必須科目として一般庶民に普及させたのは、日本の総督府であった。

先にも述べたが、日韓併合当時の朝鮮には、教会学校・日本人学校を含めても、近代教育の小学校は一〇〇校程度しかなく、ほかに「書堂」という寺小屋のような施設が見られるだけだった。しかも書堂で教えるのは、儒教の、孔《こう》・孟《もう》の古典と倫理教育に限られた。

そのような書堂は、一九一〇年併合時、約一万六〇〇〇余カ所あり、一四万余の児童を収容していた。その数字は、当時の総人口の約一％にあたった。

朝鮮総督府は、一面（日本の村にあたる行政区画）一校を目標として学校を増設し、一九三六年には、公立学校は二五〇〇校、一九四四年には五二一三校となり、生徒数は二三九万八〇〇〇人に達した。こうして義務教育の就学率は飛躍的に増加した。

総督府は義務教育のみならず、高等教育の充実にも力を注ぎ、一九二四年には、京城《けいじょう》帝国大学が創設された。ちなみに台北《たいほく》帝大の創設はその四年後の一九二八年であり、ともに大阪帝大の一九三一年、名古屋帝大の一九三九年よりも早かった。

台湾、韓国が今日見られるような高い教育レベルを保っているのは、総督府時代があったからこそで、もし、総督府の教育政策がなかったとしたら、今日の中国、または海南島と変わらない状況であったことだろう。そうなれば当然、経済発展もなかったであろう。台湾、韓国の経済発展が世界の中でも顕著なのは、日本統治時代の伝統を維持したためである。

開化派、金弘集《きんこうしゅう》の悲劇

李朝下の五一八年間、朝鮮半島の社会的基盤は一切なかったことは前にも述べた。近代国家の形もなく、ただ王室と両班という一部の特権階級だけが、常民《サンミン》（百姓）の上に君臨し、強制搾取《さくしゅ》と苛斂誅求《かれんちゅうきゅう》をほしいままにする地獄社会で、宗主権を持つ清《しん》国の監督、支配を受けていた時代であった。

だから、「近代化」を主張し、祖国の「生々発展」を理想として啓蒙《けいもう》活動を精力的に推進し、甲申《こうしん》政変（一八八四年）を一時は成功させた金玉均《きんぎょくきん》（科挙で首席合格）が、結局は閔《びん》氏と清の謀略により惨殺されたのも無理はなかった。

また、同じく開化派の一人であった金弘集は、内閣総理大臣を四度歴任して近代化を推進、不正腐敗の限りを尽くした高宗《こうそう》の治下で、断髪令を発令したために、高宗は「褓負《ボブ》商《サン》」（行商人）たちに命じて、撲殺令を出す始末であった。金弘集は結局一八九六年、捕えられて殺された。

このような政治状況下で、朝鮮の自主的な近代化が充分可能であったものを、あたかも日本がそれを妨害したかのように書かれた韓国の国定歴史教科書は、「妄言」もはなはだしいといわねばならない。韓国のメディアは、いまでもちょくちょく日本の政治家の発言をとりあげて「妄言」とはやしたてるが、己《おの》れを省《かえりみ》るべきである。

当時もし、両班社会の中から近代化を主張する青年が出てきたとしたら、その親族は、秘密裡に彼を毒殺するなどの処分を下した。そうしなければ、全親族が処分されることは、火を見るよりも明らかだったからである。それほど「近代化を考える」ことは、「最悪の思想」と決めつけられていた時代であった。

今日、この思想を受け継いだのが、北朝鮮であることは周知の事実である。正常な人ほど狂人として強制収容所に送られ、餓死させられる運命にある。

このような、利己主義と事大思想が肥大する社会は、破滅に追い込まれるか、他民族によって解放されるか、隷属下に置かれるほかない。

李朝五〇〇年の道路事情

李朝下の五一八年間、朝鮮には人間が通れる安全な道路はまったくなかった。

新しい役人が現地に赴任すると、〝今度の役人（官吏）は、どれぐらい泥土にはまったか〟と尋ねられるぐらいで、幹線道路でも荷車も牛車も人力車もやっと通れるほどで、ほとんどが、たんぼの畦道《あぜみち》程度のものであった。

もっとも重要な幹線と見なされたソウルと義州（現在の北朝鮮と中国の国境近くの町）を結ぶ道路は、宗主国であった中国の使臣が往来するために、唯一、道路と呼べるような代物《しろもの》だった。だがこの最重要道路にしても、たまに補修の要請があって、いくらかの経費を現地に送ると、その四分の三は途上でなくなり、結局必要な経費は、常民・賤民たちからの苛斂誅求《かれんちゆうきゆう》で賄《まかな》われるというありさまだった。

また、ほとんどの河川には橋がなく、李朝以前にはあった橋も壊された。理由は、李朝が高麗に反逆して奪取した政権であったために、今度は自分たちが反対勢力のクーデターに遭うことを恐れて、軍隊が進軍できないようにしたからである。

たとえ橋が架けられていても、ところどころ穴があいていて、現地の事情に疎《うと》い者や、夜陰にまぎれて橋を渡ろうとすると、足を踏みはずして穴から落ちてしまうこともあった。

それゆえに、橋と足の発音は同じく〝タリ〟と呼ばれている。

そうなると渡し舟で対岸に渡ることになるが、無事に着けば幸運だった。薄い板で作られた舟では、往々にして牛馬車や大勢の人たちの重みに耐えられず、沈んでしまうことも珍しくなかったから、毎年各地で鎮魂祭が営まれた。

鎖国政策がとられたため、港湾施設といえるようなものもほとんどなく、中国と日本(対馬《つしま》)を相手に、わずかな物品のやりとりがあるにすぎなかった。

陸上でも、釜山《プサン》とソウルの場合、四〇〇余キロの距離を往き来するのに二五、六日間かかるのが普通で、両班の子弟で科挙の試験に赴《おもむ》く者を除くと、旅人も稀《まれ》だった。ソウルと仁川《インチョン》間の三二キロも、往き来に五日以上かかり、したがって生産・管理・消費・物流などといった社会基盤もなく、近代化とはまったく無縁であった。

こうした事情一つをとりあげても、李朝の「自主的近代化」などというものがまったくの絵空事で、妄想にすぎなかったことは明らかだ。

日本人の税金で賄われた朝鮮の鉄道建設

鉄道は未開国を近代国家に育成する機能を発揮するための必要不可欠の動脈であり、市場経済の血管である。鉄道に代表される「大衆交通手段」の発達は、人類の生活向上と幸福の増進にも欠かせない。

道なき山野に鉄道が敷設されたことが、日本政府の目的がどこにあろうと、朝鮮民族にとって、長い間の地獄のような生活から脱することにつながったことは論を俟《ま》たない。

一八九四年、日清戦争勃発を契機として、朝鮮に鉄道敷設の機運は熟していたが、当時の李朝は財政・経済に対する基礎的知識もなく、交通・鉄道に関する認識もなかった。

一八九六年「京仁線《けいじん》（ソウル～仁川間）」三八・九キロの鉄道敷設権を、日本企業「京仁鉄道合資会社」が米人モールスから買収、一九〇〇年七月八日、全線開通させた。朝鮮で最初の鉄道だった。ちなみに日本で新橋～横浜間が開通したのは一八七二年のこと。

従来ソウル～仁川間の往復は五、六日かかった。ソウルの両班老人たちは、初めて見る汽車を「鉄馬」と呼び、その「鉄馬」に乗って一日中、往復を繰り返して楽しんだと伝えられている。往復で五、六日の所要時間は二、三時間に短縮された。

元来、両班とは、働かずに、農工民が生産した物を優先的に処分する権利を保有していたから、「鉄馬」に乗って一日を消費して、それを最高の享楽と感じただろうことは容易に想像できる。

「京釜線《けいふ》（ソウル～釜山間）」四五〇・六キロは、「京釜鉄道（株）」が一九〇五年一月一日全線開通させた。

京仁・京釜線鉄道の買収額（建設費）は、三五〇〇万円だった。それに対して同年の大韓帝国の収入額（税・印紙税総額）は、七八四万円だったから、自力での鉄道敷設は夢でしかなかった。

それまでフランス・ロシアも競って鉄道敷設権を獲得したが、その資金の裏付けもなく、工事の着工もできなかった。

アメリカのモールス（京仁線敷設権取得者）も事情はまったく同じで、彼らが頼りにしたのは李朝であったが、以上のような財政事情で、まったく実現の可能性がなかったから、日本企業がこの難局を切り抜け、京仁・京釜線が敷設されたことは、天佑神助というべきであった。

京義線《けいぎ》（ソウル〜新義州間）は、フランスのグリールが敷設権を取得したが、これも日本（陸軍）が買収して建設を受け継ぎ、一九〇六年四月に全線開通した。

京義線と馬山浦《ばざんほ》線の建設費は三一三八万円で、したがって、京仁・京釜・京義・馬山浦線建設費を合わせると六六三八万円になる。

この六六三八万円は、日本人の血税で賄われたが、その活用は、日本人・朝鮮人共用であり、朝鮮側の享受した利益は莫大なものであった。

もしも一八九六〜一九〇六年の一円が、今の一〇万円に相当するとすれば、六・六兆円であり、それを二〇〇三年十一月二十五日の為替レートで韓国ウォンに換算すれば、七九兆六五六〇万ウォンに相当する（二〇〇三年十一月現在、物価指数による概算）。

総督府が建設した鉄道路線と、投下した資金

こうして、一九一〇年の日韓併合時には、すでに全国一〇三九・七キロの路線が完成した。これにつづき日韓併合後は、寺内・長谷川《はせがわ》の両総督時代に、湖南《こなん》線・京元《けいげん》線（ソウル～元山間）・平南《へいなん》線が、一九一七年には会寧《フエリヨン》～清津《チヨンジン》間が開通した。

併合後に朝鮮総督府が、鉄道敷設に投資した費用は、次ページの一覧のとおりである。

斎藤実総督は一九二一年九月に開催した「産業調査委員会」の提議によって、吉林《チーリン》～会寧間の敷設計画と、それ以降の十二カ年計画を立ち上げたが、その概要は以下のとおりであった。

鉄道建設十二カ年計画

期間　一九二七～一九三九年
総経費　三億円
路線　図們《ともん》線（雄基～潼關鎮）　一五六キロ
　　　恵山《けいざん》線（恵山鎮～吉州）　一四二キロ
　　　満浦《まんぽ》線（順天～満浦）　二八六キロ

朝鮮総督府　鉄道投資額一覧

1913年	8,662,000円
1914年	7,634,000円
1915年	8,004,000円
1916年	7,705,000円
1917年	6,152,000円
1918年	11,094,000円
1919年	15,750,000円
1920年	16,329,000円
1921年	18,856,000円
1922年	22,267,000円
1923年	16,475,000円
1924年	10,307,000円
1925年	12,018,000円
1926年	17,737,000円
1927年	25,291,000円
1928年	28,688,000円
1929年	23,379,000円
併合後の総計　257,048,000円 （**併合前の総計**　105,077,000円）	

【資料】朝鮮総督府鉄道局刊「朝鮮鉄道一班」1931年

東海《とうかい》線（安辺～浦項・釜山～浦項）　五四九キロ
慶全《けいぜん》線（晋州～全州・院村～潭陽）　二五一キロ
計　一三八四キロ

また、朝鮮総督府が建設する鉄道で、一九三〇年末までに完工した路線は、次のとおりである。

鉄道建設状況（一九三〇年末）

幹線名	支線名	
京釜線		四五〇・六キロ
	京仁線	三八・九キロ
	馬山浦線	四〇・一キロ
	鎮海《ちんかい》線	二〇・六キロ
京義線		四九九・三キロ
	兼二浦線	一三・一キロ（黄州～兼二浦）

日本の資本で完成した朝鮮の鉄道

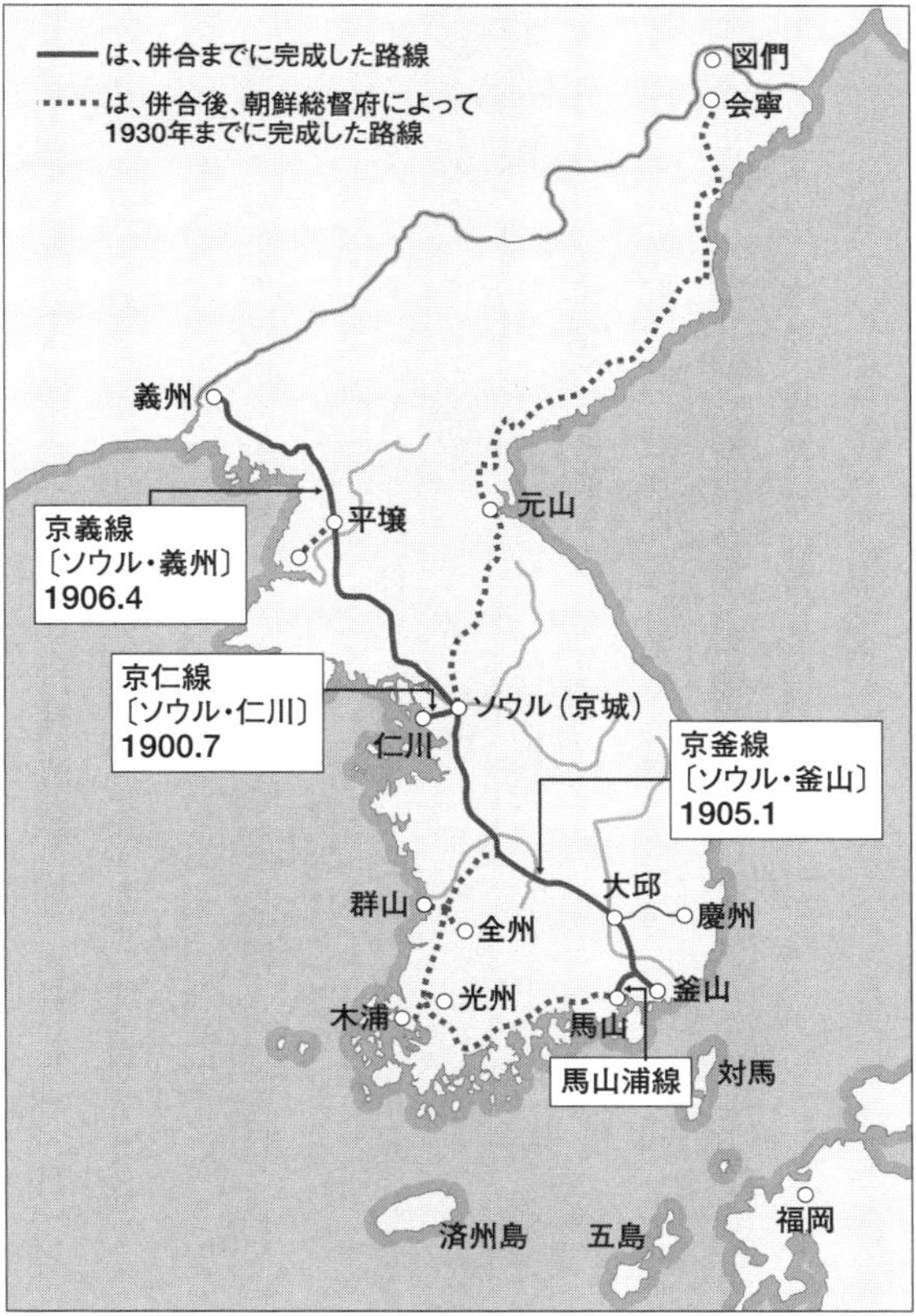

平壌炭鉱線　二三・三キロ（大同江～勝湖里）
平南線　五五・三キロ（平壌～鎮南浦）
博川《はくせん》線　九・三キロ（孟中里～博川）
竜山《りゅうざん》線　六・七キロ（竜山～唐人里）
新義州貨物取扱所線　一・八キロ

湖南線　二六〇・七キロ
群山《ぐんざん》線　二三・〇キロ（裡里～群山）

慶全線
慶全北部線　二五・三キロ（裡里～全州）
光州《こうしゅう》線　三六・四キロ（松汀里～潭陽）

京元線　二二三・七キロ

咸鏡線　六一七・六キロ　（元山～会寧）
川内里線　四・四キロ（竜潭～川内里）
清津線　九・〇キロ（輸城～清津）
会寧炭鉱線　一〇・六キロ　（会寧～鶏林）
北青線　九・四キロ　（北青～新北青）

朝鮮の鉄道営業収支表

年　度	営業収入（千円）	営業経費（千円）	差引益金（千円）
1910	27,174	23,329	3,845
1921	28,110	21,630	6,480
1922	30,686	23,863	6,823
1923	33,076	25,485	7,591
1924	31,435	24,709	6,726
1925	47,301	39,079	8,222
1926	51,812	40,702	11,110
1927	57,285	46,662	10,623
1928	58,471	36,977	21,494
1929	63,039	48,922	14,117
1930	75,398	59,719	15,679

【資料】朝鮮総督府鉄道局刊「鉄道要覧」

鉄道運賃収入、貨物収入一覧

年　度	旅客収入（千円）	貨物収入（千円）
1910	2,350	2,062
1912	3,542	2,270
1914	3,657	2,740
1916	4,320	4,335
1918	8,939	8,100
1920	12,668	12,347
1922	14,219	14,194
1924	14,936	14,092
1926	16,415	17,396
1928	19,307	19,658
1929	20,981	20,409

【資料】朝鮮総督府鉄道局刊「鉄道要覧」

遮湖線　四・九キロ（会山～遮湖）
鉄山線　三・〇キロ（羅興～鉄山）
平元西部線　六七・〇キロ（西浦～新倉）
東海線　東海中部線　一四八・八キロ（大邱～慶州）
東海北部線　三一・四キロ
図們線　図們西部線　五九・六キロ（会寧～潼關鎮）
図們東部線　三一・四キロ（雄基～訓戎狭）

その後、新倉～高原間の平元線一四六・八キロ、吉州～恵山鎮間の恵山線一四一・六キロ、順天～満浦間の満浦線二八六・六キロ、釜山鎮～蔚山間の蔚山線七〇・八キロなどが開通した。

そのほかにも総督府は、私設鉄道に対する補助を行なったが、一九一五年から一九三〇年までにその総額は四〇〇〇万円を超えた。

一九一〇年の日韓併合以来、旅客運賃収入と貨物収入は、67ページ下段の表のように飛躍的に発展しており、物流の活発化を裏づけている。

こうして、一九四五年の終戦の日まで鉄道網の拡張は続けられ、その総延長は六六三二キロ、駅の数は七六二、従業員数は一〇万五二七名に達した。

人間の背中に頼っていた李朝時代の物流

それ以前の李朝時代の物品の交流は、褓負商《ボブサン》（行商人）に頼っていた。

たとえば、全州《チョンジュ》の行商人（褓負商）は妻子とともに、全州名産の生姜《しょうが》と櫛《くし》を背負って、平壌《ピョンヤン》まで三週間余りかけて歩き、そこで販売する。次に、人力車も通れない道をふたたび歩いて元山《ウオンサン》に行き、昆布と干魚を売りさばくという具合だ。時間が予定以上にかかったり、滞在が延びたりしたら、利益は見込めない。

そのさまを想像しただけでも、道路やインフラ整備を怠った李朝が、百姓にとって、いかに苛酷な統治者であったかがわかる。

この場合でも馬を使うのが普通だが、馬には人間以上の経費がかかる。結局、運搬道具として、牛馬ならぬ人間の背中がもっとも利用されることとなった。

朝鮮には、遠い昔から運搬具として〝チゲ〟というものがあって、今も農村では欠かせない道具だが、肩にかければ荷重が背中全体に、公平に配分されるから肩が痛くないという特徴がある。

嶺東には蜂蜜の生産は多いが塩がなく、平安道《ピョアンド》では鉄の生産が多いがミカン・レモンはなく、咸鏡道《ハムギョンド》では朝鮮人参の生産は多いが綿布は生産されない。

このような地方特産品を鉄道の敷設によって流通させることができれば、住民の生活向上につながることは言を俟《ま》たない。

暗黒の国土に鉄道が開通し、日本の先導でようやく近代化のきざしが朝鮮にも見られるようになった史実は、否定できない。

なぜ、百姓が川に入って橋脚を支えるのか

十八世紀の末葉、李朝の実学派朴斉家《ぼくせいか》（一七五〇～一八一五年）は当時、奎章閣《キョジャンカク》の検書官であったが、清国の交通事情と朝鮮の交通事情を比較し、道路と橋梁の改良策を具体的に提議した。だが、李朝には、その意欲も実力もまったくなかったことは、先に記したとおりである。

彼が告発した内容を一部示すと、次のようなものだった。

大体、橋梁は丸型のほうがよいとされているのに、ソウルにある橋はすべて平型である

から、洪水になると水に流される。だからソウルの橋は、一年ともったことがない。二股に分かれた木を立てて橋脚とし、その上に松の枝と葉を敷き、土を被《かぶ》せたところを人が通り、馬が通る。橋が崩落したり倒壊するのを防ぐために、百姓たちが動員されて水の中に入り、立ったまま橋脚を支えるなどということも茶飯事だ。

人と牛馬が渡るボロ橋を、百姓の力で支えられようか？

もっぱら近代化には反対で、一般庶民の助かることは何一つせず、断髪令にも反対して、逆に近代化の遂行を推し進めた総理大臣、金弘集を理由もなく惨殺する、などという体制のもとでは、道路・鉄道どころではないことは明らかである。

高宗は、清国を後ろ盾にして権勢を振るい、近代化を唱える憂国の志士たちは、連座法で六親等まで処罰されるありさまだった。

代表的賢人と評された、金玉均・朴泳孝《ぼくえいこう》・徐載弼《じょさいひつ》・洪栄植《こうえいしょく》・徐光範《じょこうはん》などが辿《たど》った残酷な運命は、この間の事情を物語っている。

日本の電気会社によって、電灯が供給され、動脈である鉄道も敷設されて、ようやく文明の恩恵の一端に触れることとなったのは、せめてもの幸いであった。

長州藩と朝鮮との奇しき因縁《くえん》

伊藤博文と大隈重信《おおくましげのぶ》が国内の反対を押し切って、朝鮮の鉄道敷設計画を推進した功績は大であった。

朝鮮に、近代化に目覚める気配がまったくなかった一九〇六年、伊藤博文が、統監となって朝鮮に赴《おもむ》き、学校を建設し近代的教育の普及に尽力したことはすでに述べた（18ページ）。

ここで、伊藤博文（初代統監）、曾禰荒助《そねあらすけ》（二代統監）、寺内正毅（三代統監・初代総督）、長谷川好道（二代総督）が皆、山口県（旧長州藩）の出身であることは、興味深い。

そもそも韓国と山口県とのつながりは、先にも述べた（17ページ）が、百済の第二十六代聖明王（五二三〜五五四年）の三子である琳聖太子が、六一一年に周防《すおう》（現山口県）の多々良浜《たたらはま》に上陸、吉敷《よしき》郡大内《おおうち》に土着したことにはじまる。

当時、大和朝廷は推古《すいこ》天皇の時代で、聖徳太子《しょうとくたいし》が摂政として仏教の理念による国家建設に総力を傾注していた。

琳聖太子は聖徳太子を支援する目的で、西部日本を統治、その子孫は大内氏を名乗り、周防と長門《ながと》を中心に勢力を伸ばした。

琳聖太子と、百済人の後裔の地・山口は、近世以後、長州藩として栄え、半島との関係はきわめて緊密であったことは、長門〜対馬〜半島間の貿易が、日韓両国の鎖国中も継続していた事実からもうかがえよう。

十九世紀末から二十世紀初め、半島の李朝が衰亡の危機に瀕《ひん》しているのに際して、長州藩出身者が中心となり、率先して日韓合邦に全力を尽くしたのも因縁といえよう。

それは、彼らが先祖の国の行く末に無関心ではいられなかったためであり、帰巣本能が蘇《よみがえ》ったためと解釈することも可能である。

農会と金融組合の設置

ふたたび本論に戻る。

李朝下では、近代化の流れが排斥されたから、産業は必然的に農業が中心であったが、交通網も未整備で、農民自らの手による農業研究・調査も許されない状況下では、原始的な耕作の形態にとどまっているのも無理はなかった。

しかも収穫された生産物は、支配層である両班の処分に委《ゆだ》ねられたから、農民の苦境はいうまでもなかった。

そこで朝鮮総督府は農業の近代化策として、農会の設置、金融組合の設置、産業組合の設置を積極的に推し進めた。

（一）農会の設置

総督府では、寺内初代総督以来、朝鮮農業の四大部門である米作、綿作、養蚕、畜産、それぞれの分野に技術者を養成し、部門別産業団体を設置して研究開発を奨励する一方、一九二六年一月二十五日、制令第一号で朝鮮農会令を発布し、日本の農会法に準じ、各種の農会を設置した。

（二）金融組合の設置

一九〇四年、日露戦争勃発と時を同じくして、林権助《はやしごんすけ》公使と韓国（当時は大韓帝国）政府との間で結ばれた「外国人顧問聘傭に関する協定書」によって、当時の大蔵省主税局長、目賀田種太郎が、大韓帝国の財政顧問に招聘《しょうへい》された。彼は韓国の零細農家にも資金を与えるべく、一九〇七年に金融組合を発足させ、地方に拡充させた。一九四一年には、全朝鮮の約六〇%の世帯主が組合員となり、組合数も九三六に達した。貸出金四億円で、そのほとんどが農業資金に使われた。

この国の経済的近代化は、ひとえに目賀田財政顧問の力によってもたらされたと言っても過言ではない。彼こそは韓国が長い間の亡国状況を脱し、現在の大躍進を遂げる基盤を築いた大功労者である。

(三) 産業組合の設置

これは中小商工業者の協同組合のことで、資本主義の発達により、中小商工業者と消費者大衆が協同互助して、各自の経済活動と産業の向上発達を図るような運動が起こった。その中で発生した消費組合・生産組合・信用組合などは先駆的なものであった。

その先覚者は、品川弥二郎《しながわやじろう》(一八四三〜一九〇〇年)と平田東助《ひらたとうすけ》(一八四九〜一九二五年)で、ドイツ留学中に協同組合制度を研究、帰国後は、品川は内務大臣、平田は法制局長となって、産業組合の設置とその運営に尽力した。その結果、一八九七年には日本全国で三〇〇もの産業組合が生まれた。

その後、産業組合法案が一九〇〇年の国会で成立し、政府の強力な支援を受けて、産業組合は村・県・中央で大発展を遂げた。一九三一年、単位組合が一万四〇〇〇余に達し、全国信用組合連合会・全国販売組合連合会・全国購買組合連合会・中央金庫中央会などが、農村経済の発展に大きく寄与した。

総督府は、この制度を朝鮮にも同じように適用しようとしたのである。

また、日本政府は官制の変更を行ない、朝鮮総督府内での金融組合事務の管轄は財務局、産業組合事務は殖産局で担当させた。当時の原敬《はらたかし》首相は、その理由について、「朝鮮は日本の延長である。日本と韓国は同一の制度に置くことが基本原則である」と言明した。

肥料の共同購入と低利資金の斡旋《あっせん》

一九二五年に成立した第二次産業増産計画により、低利の日本肥料資本がにわかに朝鮮に進出した。その結果、日本窒素肥料株式会社製の硫安（硫酸アンモニア）を、郡・島農会が共同購入するようになった。

一九二八年、野口遵《したがう》（一八七三～一九四四年）は一億一〇〇〇万円の資本金で、淋しい漁村にすぎなかった興南に「興南窒素肥料工場」を建設した（操業開始は一九三〇年）。彼は赴戦江《プチョンガン》、長津《チャンジン》の水力発電所からの五〇万キロワットの電源を動力とし、咸鏡北道の豊富な石炭を燃料として「硫安（硫酸アンモニウム）・硫燐安（燐酸アンモニウム）」などを生産し、その付属工場から、セメント・グリセリンなどを生産した。また同工場専用の興南港は、二万トン級の船舶が入港できるように整備された。

農業生産の要《かなめ》である肥料のもとになる硫安を自ら生産することで、朝鮮の農業は一躍、大発展を遂げることとなった。それをもたらしたのは野口遵の献身的精神にほかならない。わが国有史以来、野口遵のような愛国功労者は朝鮮半島にはいなかったといっても過言ではない。

また金融機関がなかった朝鮮に、目賀田財政顧問によって貨幣制度が整備され、銀行の補助機関としての金融組合が設立されたことは先に述べたが、一九一八年六月には、法令改正による朝鮮総督府財務局の強力な支援があり、さらに急速な成長が見られた。

金融組合を設立した場合、朝鮮総督府から、二大特恵があった。一つは無利子、無期限で資金を借りることができたこと。二つ目は経費の補助であった。

総督府の資金の貸付は、一組合または一会当たり、「村落」で一万円、「都市」で二万円、「道連合会」で二〇万円であった。

当時の貸付金利率でこの金額を計算すれば、年間本来返済されるべき利息は、「村落」二四〇〇円、「都市」四〇〇〇円、「道連合会」二万四〇〇〇円となり、その分がそっくり間接補助になる。

二つ目の経費の補助とは、人件費・消耗品費などであった。

朝鮮総督府が、金融組合に対して施した金融支援の総額は、実に厖大《ぼうだい》なものであった。

李朝時代の悪名高き三つの制度

目賀田顧問が金融組合を創始した当時、朝鮮には李朝から続いていた悪名高き三つの制度があり、俗に「三政紊乱」と呼ばれていた。「三政」とは①「田税」(地税)、②「軍政」(兵役)、③「還税」(還穀)の三点で、一言でいえば農民に対する収奪制度であった。

ここでは李朝下の金融について簡略に説明しよう。

たとえば春頃、農民が役所から元金一両を借りたとする。これを秋の収穫期に返済するとすれば、元金は三両になり、さらに利子が三銭ついた。

その結果、農民は資金繰りの手立てもなく、草根木皮（主に松の木の皮）で命をつなぐありさまで、餓死にいたることも珍しくなかった。さらには道端に死体が転がっていても、その屍《しかばね》を整理する役人もなく、野良犬かヌクテ（狼）の餌《えさ》になるしかなかった。全住民の九〇％以上であった農民は、李朝五一八年間を通して、極度に悲惨な状況に置かれていたのである。

目賀田顧問の発案と朝鮮総督府の施策は、金融組合制度を育成して、農民の生活を安定するよう努めたもので、その結果、朝鮮の農民は、短期間で蘇生することができた。

貸付金と農業発展の因果関係は

一方、一九一四年、寺内総督は、交通不便な地方の金融組合が、郡・面（村）・学校費などの公金を取り扱うことは公益上、可能であるとの見解を示し、他方、組合員以外の人の預金を受け入れることも認め、この預金を「員外預金」と称した。

総督府財務局の当局者はその理由として、金融組合員である朝鮮農民はほとんど預金能力がない。したがって、組合員の預金だけでは、貸付業務が果たせないことを挙げた。ゆえに「員外預金」によって常時、数万円の遊休資金を村落金融組合にプールして、それを農民に低利で貸し付けるという策をとったわけだが、その結果、金融組合も、農民も資金の調達がぐっと楽になった。

貸付金の急増と、農業の発展は、まさに正比例している。

一九一八年現在、都市と村落をあわせた金融組合の総貸出額は、四〇九万二〇〇〇円であったが、一九三一年には、その総額は一億二三三八万九〇〇〇円と、実に三〇倍に達した（次ページ上下の表）。同時に金融組合の純益金も、一九二七年から一九三一年までの五年間の合計で六八八万五〇〇〇円に達した（朝鮮金融組合聯合会「金融組合統計年報」による）。

ところが、このような金融組合の金融支援に甘えて、長い間の惰性と、債権・債務の処理要領をわきまえない無知から、債務の償還を怠る者も増えていった。そのため金融組合もやむを得ず、債権回収に着手し、抵当物件の競売を行なったから、再び流浪の身分に身を落とす農民も増えてきた。

担保物権の競売処分は、一九二七年に四一万三六一一円だったのが、一九三二年には一二〇万三八五円になり、この間の六年間の総計では、四一一万一七四円に達した。

さらには一九三一年末現在で、金融組合員総数六七万九六〇名であったのが、一九三〇

都市金融組合の発展状況

年　度	組合数	組合員数（千人）	貸出金（千円）	預入金（千円）
1918	12	5	330	85
1920	33	13	4,618	1,974
1922	42	17	6,935	3,942
1924	56	21	10,569	8,108
1926	59	22	14,370	14,000
1928	60	25	17,713	20,291
1930	62	29	20,101	24,657
1931	61	32	21,800	25,960

【資料】朝鮮金融組合聯合会刊「金融組合統計年報」

村落金融組合の発展状況

年　度	組合数	組合員数（千人）	貸出金（千円）	預入金（千円）
1918	260	120	3,762	737
1920	360	260	18,392	4,868
1922	391	269	32,784	12,974
1924	427	315	42,556	22,494
1926	462	388	51,988	32,277
1928	513	464	67,465	43,324
1930	559	553	84,880	52,235
1931	582	639	101,589	54,189

【資料】朝鮮金融組合聯合会刊「金融組合統計年報」

年から一九三四年の五年間で組合を脱退する者の数が二七万九六〇名に達した。

技術改革で米の収穫量は倍増

春窮期（二～四月）には毎年のように飢餓に陥り、草根木皮で命をつないでいた李朝の農民たちの惨状を見かねた日本政府の要人たちは、統監府（統監・伊藤博文）時代の一九〇六年から、農業技術の振興を図って、日本の農民たちの朝鮮移住を積極的に奨励しはじめた。

日本統治により、朝鮮人全体の米消費は一・五倍に増え、農地の質は格段に向上し、耕地面積も次のように増加した。

併合前には、田畑と水田を合わせて二四六万五千町歩だったのが、八年後の一九一八年には四三四万四千町歩となった（次ページ表）。

その後も日本政府と朝鮮総督府は、主食である米の増産に全力投球し、一九四二年には、併合当時（一九一二～一六年平均）の二倍の増産に成功している。反《たん》当たりの収穫量も、一九一〇年の〇・七六九石《こく》が、一九三七年には、一・六三五石へと倍以上に増えた。

このように日本統治によって朝鮮は耕地を増やし、品種改良によって収穫量も倍増し

朝鮮の耕地面積の推移

年　度	田　畑（千町歩）	前年比増	水　田（千町歩）	前年比増
1910	1,617	——	848	——
1911	1,703	86	1,002	154
1912	1,823	120	1,024	22
1913	1,819	−4	1,067	43
1914	1,870	51	1,089	22
1915	1,993	123	1,178	89
1916	2,250	257	1,340	162
1917	2,440	190	1,435	95
1918	2,800	360	1,544	109
計		1,183		696

【資料】朝鮮総督府「統計年報」

た。李朝時代と比較して、隔世の感に耐えない。

先にも触れた（32ページ）人口の変化も、具体的には次のようになった。

一九一〇年　一三一二万八七八〇名
一九四二年　二五五二万五四〇九名（九四・四％の増）

つまり、わずか三二年間で人口がほぼ倍増しているという事実は、いかに日本統治を否定する議論が提起されようと、それらを無意味にするものといえるだろう。

李朝五一八年間は、現在の北朝鮮と同じく、数人の王朝人と両班が国家の富を占有し、生産物の処分は、不労所得層の両班の思うままであったから、農民は、農奴にすぎなかった。

われわれは、歴史の事実を尊重し、歴史から学ばねばならない。

韓国人は歴史を無視する慣習があまりにもはなはだしく、そのことが新たなる試練を招いてきた歴史の皮肉を率直に認めるべきである。

朝鮮土地調査事業は、なぜ行なわれたのか

一九一〇年三月、土地調査局官制が発表されて以来、全国的規模で、土地の所有者・価格・地形・地貌・坪数・地図製作などの調査が開始された。

もともと朝鮮では高麗時代、すでに土地の私有財産制が確立されて、先進的な制度を敷いていたのを、李朝になって、私田を没収し、公田制を敷いたという経緯がある。だが一部豪族たちの反対で私田収租権の世襲を公認せざるを得なくなり、公の収租地が有力豪族・官吏の私有地になったり、公田の名を借りた私田の略奪があったりもし、その後も境界紛争が絶えることなく、そのうえ文書偽造なども横行した結果、土地制度と租税制度が混乱の極に達し、国の収税機能が麻痺《まひ》していた。

朝鮮総督府が最初に手がけたもっとも大切な事業の一つは、この土地制度と租税制度の実態を洗い出す「全国土地調査」事業であった。

この計画を立案したのが、先にも紹介した（21ページ）が、台湾・沖縄の土地調査でも成功し、朝鮮の財政顧問として赴任した目賀田種太郎だった。

国家の近代化には絶対に欠かせないこの土地調査であったが、後々、大きな波紋を呼ぶことになる。まず調査開始の時点で、田畑、水田に火田《かでん》という朝鮮に特有な田を加えて二

七二万余町歩と算定されていた耕地面積が、実際には倍近い四八七万町歩であった。

つまり、耕地開拓によって増えた分があるにしても、それまで土地を隠していて脱税（「隠結」）の温床となっている土地が大量に発見されたわけである。だが既得権益を奪われた人間は容易に納得するものではない。李朝のような利己心ばかりで公共心のまったく発達していない国においてはなおさらである。不服申立件数は二万一四八件に達した。現在の韓国の歴史教科書では、この調査の意義を無視して、日本による「土地収奪」と位置づけているが、実態はこういうことである。

一方で土地調査の趣旨に則《のっと》って申告したために土地所有者となった人々がいるかと思えば、それまで官の苛斂誅求にされるがままであきらめの境地にあり、無学のゆえもあって、六カ月という長期の申告期間が設定されていたにもかかわらず、耕作地の申告を怠り、調査の恩恵を得るどころか土地を失う者も現われた。

したがって小作農に転落する農民が新たに生まれたことも、やむを得ないこととはいえ、現実であった。

しかしながら、旧来の土地制度の乱脈を正し、官権の乱用・重圧から農民を解放するためには、無学な人たちの申告洩《も》れまでも調べるということは、神様でも不可能なことである。

責めるべきは、李朝五〇〇余年にわたる、両班階級による圧政である。

総督府による治山治水事業

朝鮮総督府は、土地調査事業が終わると、続いて米穀および雑穀・綿花など、立ち遅れた朝鮮の農村を日本の農村並みに振興させるために、昼夜を分かたぬ努力を傾注した。その最大のものが治水事業である。

当時の朝鮮は、禿山《はげ》ばかりで赤土だけが山の表面を覆い、雨が降れば保水能力はなく、河川の下流域はすぐに洪水に見舞われた。ソウル市内も、今のソウル駅近くの葛月洞《カルウォルドン》まで漢江の水が溢《あふ》れ、四方は海と化した。

山野の草木はすべて燃料のために刈り取られ、植林はほとんどなされず、森林が残ったところは、鴨緑江と豆満江《とまんこう》流域のみで、人間の通れない原生林と墳墓周辺を除くと、荒涼たる禿山ばかりであった。

朝鮮半島の日本海側は、豆満江を除いて、河川の流路は短く、東シナ海に注ぐ河川は大河が多い。だが六〇〇年以上、治山も治水も本格的に行なわれたことがなく、ほとんどが自然のまま放置されていた。

歴史的には新羅《しらぎ》時代（一五〇〇年前）の「碧骨堤」という大堰堤《えんてい》（全長一八〇〇歩）が作られ、その後修築もあったが、李朝末期になると、国土が荒廃し、以前の堰堤も、遺跡しか残っていないという状況であった。

李朝の歴史記録には、堰堤・堤防の施設は、朝鮮半島で二万四〇〇〇カ所以上といわれているが、「万石堤」という貯水池以外、実態は何も見えない。

農業用の灌漑《かんがい》施設は、大方、腕力による流水の汲みあげしかなく、足踏み水車すらほとんど見ることができなかったから、一般には「天水水田」といって雨水に頼り、きわめて原始的な農業が行なわれていた。

道路・河川・林野・港湾が自然のまま放置されていたのは、李朝末期の財政破綻、国政紊乱によるものであることはすでに記述した（57ページ）。

朝鮮総督府は、治山治水のための砂防工事、山林復活、農作物増産のための技術改革に着手し、一九一五年からは治水調査システムをスタートさせ、気象・水位流量・修改築予定区域の実測調査も施行した。

土地の所有権、地価、地質、地形、土地の模様などの正確な調査の結果、多くの「隠し田」が発見され、耕地面積は倍増し、したがって課税額も倍増となった。近代国家建設には不可欠の事業であったが、これが「隠結＝脱税」という長年の因習に慣れた両班層にとっては、不平の種になったことはいうまでもない。

なにしろ李朝下では、住民から徴収する税金額の九割は途中でなくなるのが普通だった。たとえば、住民から三〇〇〇万円の税金を徴収したら、国に納める納税額は三〇〇万円が相場であった。

それでも、官僚の責任が追及されなかったのは、その上の王族と族戚政権が売官買職に狂奔《きょうほん》していたからで、彼らに任命された官僚たちによる横領ぐらいのことは、問題にされるはずもなかった。

日本が朝鮮に植えつけた精神的大革命

一九一〇年の朝鮮の米穀生産高は、一〇四〇万六〇〇〇石であったが、一九一八年には、一五二九万四〇〇〇石、一九三一年は一五八七万三〇〇〇石と、年々増産の一途を辿っている。

朝鮮総督府の産米増産計画（一九二〇～三四年）は、当時の日本・朝鮮の人口急増に伴う食糧問題を解決するための国策事業であったが、日本が〝働かざる者、食うべからず〟

という勤労精神を植えつけたことは、李朝五〇〇余年、不労所得層が農民を支配し、労働とはもっとも軽蔑するものと教えこまれてきた朝鮮住民にとって、精神的な大革命であり、ルネッサンスでもあった。

大部分の住民たちは、このような日本の農工業振興策、および金融政策に共鳴し、感謝の心で積極的に協力したことは、もちろんである。この期間に植えつけられた正しい勤労精神によって今日の韓国という経済先進国を建設することもできたのは、まぎれもない事実であった。

なにしろ李朝では、両班に属し、科挙試験に合格した官僚たちが生産的勤労には絶対に就かないばかりか、儒教による空理空論をふりかざすばかりで、毎日の享楽生活を保証する王朝への恩義など、まったく感ずることもなく、批判するばかりであったのだから。

李朝五一八年とその後の日韓合邦期を通じても、この「ゾンビ」は生き残り、空理空論に耽《ふけ》る習性は、今日でも変わっていない。

第二次大戦後、再びこの連中が甘言利説を尽くして政権を取るようになると、祖国近代化に献身的に尽力し、祖国の工業、商業、政治、経済発展に貢献した真の愛国者を民族反逆者とみなし、自分は何も仕事をしないで他人を法網にかけたり、前科者を愛国者だと褒《ほ》め称《たた》えたりして今日にいたっている。

国のためには何もしたこともなく、法に違反した前科者だけが、愛国者として待遇されるのが韓国の実態であることは、周知の事実である。

巨大水力発電所の建設と野口遵《のぐちしたがう》

朝鮮総督府が治山治水に次いで力を入れたのが、大規模な水力発電所の建設であった。

朝鮮の水力発電事業は金剛山電気が最初であるが、総督府によって朝鮮半島の地形図ができると、投資が活発化するようになり、もしも李朝が続いていたとすれば、考えも及ばなかったであろう大規模な水力発電所が、日本の私企業によって着々と開発されていった。

どれくらい大規模かというと、当時の日本では発電所の発電力の単位が一〇〇〇キロワットで表わされていたのに対し、朝鮮では一万キロワットが単位になっていた。

朝鮮の電力開発や、肥料のもととなる硫安の開発に貢献した最大の功労者は、先にも紹介した（77ページ）野口遵である。

野口は日本窒素の専務を務めた大実業家だが、赴戦江・長津に五〇万キロワットの発電施設を完備させ、前述の興南窒素肥料工場において、空中の窒素から、硫安、硫燐安、セメント・グリセリンを製造して、日本にもその三分の一を供給した。

さらには、鴨緑江の上流の朔州郡水豊里《サクチュグンスプンリ》の上流を塞《せ》き止めて、落差一〇〇メートル、出力は六四万キロワットの大発電所を計画し、一九三七年に着工して一九四四年に完成させた。総工事費は二億円、動員人員延べ五〇〇万人であった。野口はこのほかにも、鴨緑江に二ヵ所の発電所を建設している。

野口は晩年になって、実業界から引退したとき、科学技術振興のためという名目で文部省に、朝鮮人子弟の教育振興のためという名目で朝鮮総督府に、それぞれ三〇〇〇万円を寄付した。一九四二年五月には勲一等瑞宝章が授与された。

今の韓国・朝鮮で「愛国者」と称している者のうち、誰がこれだけの寄付で国民の生活を向上させたか、この国の人は反省しなければならない。

言葉と腕力で批判し、空理空論で騒ぎ立て、治安を紊乱させ、拳と銃で殺傷に終始するのは、凡人にもできる。野口遵のように百姓を幸福に引導し、献身してこそ、真の愛国者というべきではないか。

李朝五一八年間、枯死同然の土地を再生させて蘇らせた功労者の中で、野口遵と彼の同僚の多くは、この地の土となって朝鮮の国土と百姓を肥《こ》やし、奨学金を与えて、賢人を育成した。野口はこの国の最高級の愛国者であり、最大の恩人として永久に記念されるべきであるが、残念ながら、韓国にも北朝鮮にも、野口遵、目賀田種太郎、そのほかの功労者に対する記念館や石碑の類《たぐい》が見られないのは、きわめて恥ずかしいことである。

日本人の功労者に対する台湾人の感謝

李登輝《りとうき》前台湾総統は、戦前、台湾の灌漑《かんがい》土木事業で、一五万町歩を潤《うるお》した八田與一《はったよいち》の功績に触れ、八田が台湾六〇万の農民から、神様のように慕われている事実を紹介している。八田をはじめ、台湾に尽くした日本人に見られた日本独特の誠の精神として、率先垂範、実践躬行、言行一致を挙げ、口先ではなく真心をもって必ず実行する行為の尊さを、「武士道日本よ、立て！」（月刊誌「日本の息吹」日本会議発行、二〇〇四年一月号所収）という論文で掲載した。

「台湾人は、今でも日本の方々を非常に尊敬しています。それは日本人が鉄道や電信網を整備し、銀行、金融制度などを作り上げたということ以上に、日本人の精神にこそ感服しているのです。

私は昨年、日本政府がビザを発給しなかったため幻となった慶応大学での講演の草稿全文を産経新聞に掲載しました。その中で私は、嘉南大圳《かなんたいしゅう》（嘉義台南平野）十五万町歩を潤す灌漑土木事業を完成させた八田与一先生について触れ、そこに見られる日本精神について述べました。八田先生は、今でも台湾の六十万の農民から神様のように慕われていま す。八田先生をはじめ台湾に尽くした日本人の精神の一つは、公に奉ずる精神であり、二つ目は、仕事に対する熱心さが公義——social justice——社会的正義感に基づいている点です。そして三つ目は、誠の精神です。『誠の精神』とは、率先垂範・実践躬行・言行一致、すなわち、口先だけではなく真心をもって必ず実行することです。これがほかの国には絶対にない日本の精神です」

同じように統治を受けながら、一方はその功績にいまだに感謝を捧げ、片や「反日」に血道を上げている始末である。このような忘恩の民族に将来はあるのだろうか。

李朝の統治下で虐《しいた》げられた農民の実態

李人稙《イインジク》（一八六二～一九一六年）は、一九〇六年、最初の小説『血の涙《ヒョルヌ》』を発表し、当時の朝鮮社会を描写して人気を集めた。その中で彼は、良民（常民《サンミン》）が、両班《ヤンバン》の喰物にすぎなかった実情を赤裸々に暴《あば》いた。

両班が撲《なぐ》りたければ撲られ放題で、常民は殺されても抗することはできない。財物、家族、妻を両班に取られても、文句も言えない。世襲によって、誕生と同時に両班と常民・賤民に区別される。圧倒的多数を占める常民・賤民の生活は、想像を絶する惨憺《さんたん》たるものであった。

李朝五〇〇年で、もっとも崇高な学者は「茶山」丁若鏞《チョンヤギョン》（一七六二～一八三六年）であった。

彼は一七八九年、科挙に合格後、承旨《ソンジ》（国王の秘書）となったが、博学で、西洋の事情に通じ、とくにキリスト教にも深い知識と信仰を持っていたことから、一八〇一年「辛酉《シンユ》邪獄《サオク》」という、キリスト教徒に対する迫害に遭い、全羅道の康津《カンジン》に流配され、その地で一九年間の謫所《たくしょ》生活を送った。その間、彼は読書と、国の施政に関する著作・研究に没頭し、その分野は性理、地理、天文、暦象、算学、医術、官制、軍制、科挙制などに及んだ。朝鮮では未曾有の大学者だった。

その著書である『牧民心書《モクミンシンシンショ》』には、当時の現実と軍政の紊乱《びんらん》を書いた詩がある。

「葛畑《くずばたけ》の中で慟哭《どうこく》している婦人《おんな》の声、なお悲しい、役所行って泣きわめき、天を仰いで訴えても、軍人の夫《おっと》は帰らない。舅《しゅうと》死んで、喪に服しているのに幼子は、いまだ胎髪も乾いていないのに、三代の名前が軍籍に記されてしまった。

役所で訴えようとしてみても、虎のような守衛に睨《にら》みつけられ、村長に怒鳴られ、一匹しかいない牛まで取られてしまう始末。いよいよ夫は深く考えたすえ、小刀を磨いて、室内に入るや、自ら陰茎を切りおとし赤い鮮血で、部屋の床を染めてしまった。これのために、子を産んだ罪をいかんせん。金もあり、権力ある者は生涯、風楽を楽しみながら一粒の米、一寸の布を納めることもないのに、同じ人間でありながら、なぜこれほどまでの偏差がひどいのか、流配の地で、重ね重ねて、九篇の詩を詠《よ》んだ」

このような詩を書いた動機を『牧民心書』は次のように説明している。

「これは嘉慶（清の仁宗《じんそう》代の年号）一八〇三年の秋に私が康津《カンジン》に流配中、作った詩である。そのとき、葛の畑に住む百姓の息子は、出生後三日目に軍籍に編入され（徴税の対象にされ）てしまった。さらに村長が牛を強盗して連れていってしまったときに、その百姓は刀で、自分の陰茎《ペニス》を切り取り、『私はこれのために、こんな目に遭《あ》わされている』と嘆いた。

その夫人が、いまだ血の滴《したた》る陰茎を持って官庁に行き、泣きながら窮状を訴えたが、番兵は門を塞《ふさ》いで中に入れなかった。

私は、この話を聞いて、以上の詩を詠んだものだ」（牧民心書・八巻）

官吏《ピョスル》は腐敗し、住民は愚昧《ぐまい》で、兵営には無能な将兵だけがおり、武器は錆《さ》び、技術者も、意欲ある商人もいない。先覚者であった丁茶山は、この枯死したような社会を直視していた。

そしてこのような現状を歎き、胸を痛めていたが、彼の遺志が警鐘となって、眠れる百姓を覚醒させることはついにできなかった。

もしも警鐘が民衆に浸透したとしたら、当時の実情からすると、逆に「世間を惑わす逆賊」として、彼ばかりか彼の親戚までも、連座して処刑されたことだろう。
ところで、小犬とか、家具などにまで名をつけて、生きた男子と見なし、軍籍に記入、税金を徴収するということは、実際に李朝ではあったことである。それは史料が証明している。

二十一世紀の現在も、不正腐敗と賄賂の風習は、韓国社会の宿痾《しゅくあ》である。
数人の前大統領は、ほとんどが不正な金を手にし、その額はあるいは数兆ウォンにのぼると噂《うわさ》されている。野党時代、腐敗を非難し、次の大統領に当選した者が、また不正に手を染めるという史実だ。

恥もわきまえず、売官買職を平気で行なうのでは、国家とはいえない。李朝末期、国王自らが景福宮（国王の宮殿）を増築するのに、莫大な建築資金を集めるという理由で売官するという事態が続いた。国王の父親（興宣大院君）時代も、その前の安東金《アンドンキム》氏専権時代も、大院君後の閔氏（閔妃系）一派の政権でも、売官買職は隆盛を極めた。

李朝は国家三要素（主権・領土・人民）を放棄《ほうき》し、百姓を侮《あなど》り、蔑《ないがし》ろにした国家犯罪集団にすぎない。今日の北朝鮮がこのコピーである。

三章　李朝時代へ退行する北朝鮮・韓国

北朝鮮に同調する韓国の風潮

一九四五年の第二次世界大戦（大東亜戦争）終了まで、日本全国中、もっとも工業化が進み、就業人口が多かったのは、今日の北朝鮮部分であった。同年の八月十五日以降、ソ連のスターリンに付き添われて現われた馬匪《ばひ》族出身者が、日韓併合後、ようやく定着しつつあった資本主義・私有財産制を破壊し、強制没収・暴力強盗行為に及んだ。

その圧迫に耐えられずに、一〇〇〇万人以上の住民が、貴重な家族と財産を捨てて、離散家族となり、数百万人が虐殺されたり、強制収容所で餓死に追いこまれたりした。九〇年代には一般国民からも、三〇〇～五〇〇万人の餓死者を出したことは周知の事実だ。

韓国にとって、本当の民族反逆者は北の現政権であって、日本・アメリカは、われわれを助けた盟友であることを知るべきである。

北の政権・金《キム》一派は李朝とまったく同じ体制で、暗愚の世襲で権力を握り、朝鮮民族を根底から亡ぼそうと企《くわだ》て、朝から晩まで、嘘八百を並べ、偽りの宣伝を繰り返す。飢餓民衆に向かって「地上の天国、楽園」「核開発」を宣伝する。

その宣伝に唆《そそのか》された韓国の凡庸な大統領、学生などが正義と不義を混同し、同盟国に対し、対決姿勢をとる。配られたローソクに点火して、国家の主敵・金正日政権を同胞だと叫ぶ。いまや韓国は、金正日に占領されたも同然のありさまである。

韓国と北朝鮮の悲劇は、空想と空理を正当化するという、もっとも良くない風潮を李朝から継承したことだ。

自国民を果てもなく虐待し、生殺与奪をほしいままに振る舞う、朱子学系の利己主義国家、北朝鮮の実態は恐怖に耐えない。解決の手段は国際協調か、日本の復活しかない。

「金正日の料理人」の証言

『金正日の料理人』の著者、藤本健二《ふじもとけんじ》氏は、一三年間、北朝鮮に滞在しながら、金正日の料理人を務めたが、二〇〇一年四月、金正日と決別した理由を、

「将軍様、私は何の思想も持たない人間です。そんな私が社会主義で生きていくことは所詮無理なのでございます。……革命とは何か、主体思想とは何かについて私がいくら本を読んだところで、到底理解できません。私は『ついていけない』ことを悟ったのです」

と、語っている（『金正日の料理人』扶桑社刊）。

北朝鮮住民も、この著者と同じく「ついていけない」と思っているのだが、逃げ出すわけにはいかない。北朝鮮から脱出した人たちの一致して指摘することは、北朝鮮では四六

時中、監視されているということだ。

独裁者は人を監視させることはあっても、監視されることはない。北朝鮮で監視される苦痛を知らないのは唯一、金正日一人である。

藤本氏が一九八八年、一時帰国した時、小さな集まりで金正日のことを話す機会があった。それがすべて録音され、彼が北朝鮮入りする前に、彼の上司に届いていた。

その他の、彼の日本での言動も克明にチェックされ、報告されていた。ここで初めて著者は、針の穴ほどの自由もない北朝鮮の恐ろしさを認識する。日本も、北朝鮮の謀略網に占領されている証左である。

一九九六年十一月、沖縄の居酒屋に月給一八万円で就職、日本での生活が始まったが、「私の立場は、一個所に長く留まることは危険だった。いつ北の工作員が現われるか分からないからだ」と判断、沖縄の居酒屋を転々とするのであるが、ある時「許宗万（朝鮮総連副議長）に頼まれて東京から来た」という使者が目の前に現われた。

藤本氏は警察に連絡、その場は上手く逃げることができたが、やがて、警察の温かい気遣いを裏切った。済まないと思いながら、待遇の面で比較にならないほど、金正日から優遇されていたから、同じ監視下の生活なら待遇の良い北朝鮮に戻ることを選択した。一九九八年六月九日、一年九カ月ぶりに北京経由で平壌《ピョンヤン》入りした。
次に北朝鮮を脱出したのが二〇〇一年四月である。三年間も留まっていた。

貨幣価値の推移は、国力のバロメーター

世界各国の国力は、その国で通用する貨幣価値の変動によって測ることができる。賢明な指導力によって、通貨価値を防衛し、国民の生活水準を高めることは、国民の望むところだが、その反対もありうる。暗愚の指導者によって通貨の価値が下落し、その価値を防衛できない国には、いかにきれい事を並べようとも、それは通用しない。

一九〇四年、韓国政府は中央銀行条例および兌換《だかん》金券条令を発布したが、日本からの借款が得られず、五圓《ウォン》・一圓・百圓・五十圓などの不換紙幣が発行された。

当時、李朝には財政・金融の専門家もなく、一九〇四年になって、著名な目賀田種太郎を招聘《しょうへい》し、初めて財政顧問とした。彼は財政監査長官として韓国銀行を設立、同時に朝鮮の零細農家にも資金を与えるべく「金融組合」を設立、額面表示の圜《ファン》を圓《ウォン》と改称し、第一銀行を朝鮮銀行と改称してこれを引き継ぎ、一九五三年まで、圓（円）貨として、日本銀行券と同一通用貨幣として評価されたことは、朝鮮にとって最大の幸運であった。

それが独立後、評価額は日一日と下落し、一九五〇年の朝鮮戦争までは円貨として継続したが、一九五三年二月、インフレーションの収束策としての「緊急通貨措置」によって額面表示を再び圜《ファン》に戻し、一〇〇分の一に評価切下げを断行した。

その後も、混乱は続き、一九六〇年に学生主導の四・一九革命が起こると、翌年の五月十六日には軍事クーデターが勃発、ますます混乱に拍車をかけた。

そこで政府は一九六二年六月九日、再び通貨改革を実施し、さらに一〇対一の比率に評価切下げを断行、額面を「ウォン」と表示して今日に至っている。

二〇〇四年八月現在の円対ウォンの為替レートは一〇〇対一〇五〇である。

日本の貨幣制度と通貨価値の変動

日本では一八七一（明治四）年、新貨条例によって円・銭を単位とする正貨を発行したが、その後起こった西南戦争によるインフレーションで、紙幣の価値下落が続いた。

一八八五年の兌換券発行時には銀本位制であったが、一八九四〜五年の日清戦争の賠償金で、一八九七年から金本位制に移行した。

一九四一年、管理通貨制を確立して金本位制度から離脱した。

戦後インフレーションにより、一九四六年、新円に切り替え、一九四九年から為替レートを一ドル三六〇円に設定、一九七一年から変動為替制で一ドル三〇八円に切り上げ、二〇〇四年八月現在、一ドル一〇七円に切り上げられた。

右の為替レートの変動から、併合時代は同一だった日本と韓国（北朝鮮は対象外）との貨幣価値は、一九五三年、一〇〇分の一に切り下げ、一九六二年、一〇分の一に切り下げ、そして今日は一〇分の一以下の水準であるから、戦後六〇年間で一万分の一以下になったこととなり、いかに利子率が高水準を維持するとしても、預金生活者の惨状は筆舌に尽くしがたい。

韓国・朝鮮には、愛国の観念もなく、朱子学系とイスラムの特殊な原理主義は、理性を排斥し、自爆精神を重視する。北朝鮮による拉致被害者は、今のところ日本は一五名だが、韓国は船員四五〇名、軍人一四万五〇〇〇名、民間人三八万名以上、推計一〇〇万名を超すとされている。しかも、国家が認定することもなく、逆に家族は迫害を恐れて、申告しないのが慣習化されている。

世界中の国で、韓国ほど言葉の上では国を憂え愛し、民族を思う愛国の士の多い国はないであろう。しかし、なぜそんな国がうまくいかないのか不思議だ。

不幸にも愛国的なスローガンや情熱は、国が乱れ、卓越した指導者がいない時に乱舞する。不純な愛国者が群れをなして登場し、「愛国の情熱」を、繰り返し汚していくのである。

「エコノミスト」記者と韓国人工場長とのやりとり

漢の時代、中国の南部に夜郎《やろう》という民族がいた。この国に立ち寄った大国・漢の使者に対して、夜郎の王は「われわれと漢とどちらが大きいか」と訊いた。この故事から世間知らずで、自分だけ威張っている「井の中の蛙《かわず》」を「夜郎自大《じだい》」と言うようになった。

一九九五年六月、イギリスの「エコノミスト」誌の特派員が特集記事を書くために、韓国の大企業を訪問した。工場視察後、彼は関係者に二時間余りさまざまな質問をした。

その質問が終わるや否や、彼を案内した工場長が待ってましたとばかりに「二十世紀が終わる頃には、韓国は日本に追いつけると思いますか?」と質問をした。

特派員は答えに窮し、まごまごしていると、「間違いなくわれわれは日本に追いつくでしょう。なぜなら韓国人は根本的に優秀だからです」と工場長は自答した。

「エコノミスト」誌の特派員は、「強大な大企業のおかげで、韓国経済は多分、二十世紀の終わる頃までに世界のトップクラスに入ることもできるだろう。そして韓国的モデルに問題がないと多くの人が錯覚するかもしれないが、このような考え方が二十一世紀に入り、韓国を苦しめる深刻な問題になるだろう」と結論を下した。

彼の結論は的中している。二〇〇三年になって、韓国の代表的大企業の「現代《ヒョンデ》グループ」が、金大中《キムデジュン》大統領に利用され、現金一五億ドル余りを韓国の主敵国である北朝鮮に秘密送金したことが発覚、特別検察の厳しい捜索中、同年八月、「現代グループ」の鄭夢《チョンモン》憲《ホン》会長が、会社の屋上から飛び降り自殺した。

西暦二〇〇〇年以降の韓国は、さながら法治国家から前近代的人治社会に逆戻りしたようである。

国法によって選ばれた大統領が、北朝鮮を主敵とした憲法・国家保安法をないがしろにし、一五億ドルの資金を秘密送金して金正日の核開発に加担するような振るまいを見せている。こうした重大な国法違反が、国民へなんの説明もなく、いまも進行中であり、公営放送は、プロレタリア革命を支持する放送を繰り返している（二〇〇四年八月現在）。

韓国・朝鮮の知識社会は、日韓併合時代からの近代化思潮と、李朝末の反逆思潮を併せ持っているが、二十世紀終盤の奇跡的経済成長は前者に由来し、今日の逆転と北朝鮮の民族自滅政策は、後者の所産である。

国民が国を愛することは、至極当然な話であり喜ばしいことだ。問題は愛国が狂信的反逆指向や、偏狭な李朝継続の国粋主義を招き、国を堕落させる傾向にあることだ。

朝鮮が「大朝鮮国」となった理由

一八七六年一月十七日、それまで厳重な鎖国政策を堅持していた朝鮮が、初めて開国することになった。日朝修好条規（江華島条約）である。

朝鮮国接見大官・申櫶《シンホン》、副官・尹滋承《ユンジアスン》一行は、日本の特派全権弁理大使・黒田清隆《くろだきよたか》と対座していたが、内心、日本軍艦「雲揚号《うんようごう》」の騒々しい威嚇射撃の音に怖気《おじけ》づいていた。

会議が始まると日本側は声を張り上げて、前年の夏、日本の軍艦・雲揚号が砲撃されたことを問い詰めると、外交談判に不慣れな朝鮮側は「守備兵たちが日本の船旗を識別できずにしたことだ」と苦しい言い逃れをするばかりである。

翌日の会議で日本側は、さらに強硬な姿勢を見せ、自分たちが勝手に作った修好条約を朝鮮側に渡し、強引に一〇日以内の回答を迫った。

朝廷では連日、重臣会議が開かれたが、条約の内容として一番肝心な「治外法権」のことや、日本側が計画した「5%の関税」のことが、いかに深刻な問題であるかをまともに認識した大臣は一人もいなかった。

朝鮮側はただ、朝鮮国の上に「大」の字をつけさせてくれないか、日本国名が大日本帝国だから、われわれもそのようにしたいと要求し、日本側も快く承認した。丙子《へいし》修好条約（大日本・大朝鮮修好条規）の締結である。

こうして李氏朝鮮は一朝にして「大朝鮮」となったが、その代価はあまりにも大きかった。そんなことも理解しないで批准書を交換した二月二日夕方の祝宴では、朝鮮側の代表団は、ひたすら嬉々《きき》としているだけだった。

こうしたことは二〇年経っても変わらず、一八九七年、高宗《こうそう》は国権を喪失していく状況にあっても、国号を「大韓帝国」に改め、自らを「王」から「皇帝」に昇格させた。

その後、ハーグ密使として派遣する李相卨《イサンソル》・李儁《イジュン》に与えた信任状には「大皇帝」とした。

その後、王座から追われた彼は、自らを「徳寿宮《とくじゅきゅう》高宗大皇帝」とし、即位した息子の純宗《じゅんそう》王を「大皇帝」と呼ばせたのであった。

チャーチルは朝鮮という国を知らなかった

一九五三年、韓国の南北が休戦した時、チャーチルは韓国を「私は七四歳まで、その流血の国を聞いたことがなかった」と言った。チャーチルほどの博学な政治家が、韓国を知らなかったというのは、われわれをして反省を促しめる。いかに「井の中の蛙」であるかを証している。

古代の扶余、三国時代の高句麗《こうくり》・百済《くだら》本記などを見れば、当時の高句麗・百済の版図は、東北・沿海洲から中国東部にいたる枢要区域を占めており、隋《ずい》・唐《とう》との数十回にわたる戦争でも、いずれも高句麗が勝利を収め、アジアの強大国として君臨していた。大国を誇った東方族が俄《にわ》かに同化された理由は、三国の中で最小であった新羅が敵対していた唐と連合して、百済と高句麗を背後から攻め亡ぼし、広大な国土を唐に譲り、自らを大唐国新羅郡に甘んじたためで、それ以来、朝鮮は中国の一辺邦と成り下がった。

その後、高麗朝が新羅にとってかわり、遼東半島・関東州などの失地回復に努めたものの、一三九二年、李成桂が、敵国である明《みん》と手を結び、反乱軍となって威化島から祖国高麗を逆打ちしたために、再び中国の属国になり、「国敗れて山河あり」、大部分の住民は隷属の運命に堕落して、五一八年間、奴隷身分に甘んじてきたことは、述べてきた（95ページ）とおりである。

韓国人の「大」の字に対する憧れは、四〇〇～一〇〇〇メートルの橋も、漢江大橋、麻浦大橋と呼び、「王」に対しても「大王」、創氏改名（一九四〇年代）の時も、「林」氏の多くは「大林」氏になったというところにも表われている（小林とはならない）。

明石海峡大橋は、橋脚の高さ三〇〇メートル、全長四〇〇〇メートルで大橋の名にふさわしいが、韓国ではその一〇分の一以下でも大橋だ。

李朝と韓国・朝鮮の特徴は、中国と同様に賄賂《わいろ》がないと動かないことだ。たまに正直な係官がいて救われる場合もあるが、これこそまさに僥倖《ぎょうこう》である。

またこのことを語ったり、書いて他国に知らせることは非国民だと批判されるから、誰も何も書かない。本当のことを書かない人が、書いた著者を批判・非難する。反省・覚醒という言葉も見えない。

韓国史の中でも、賄賂が一掃された時期が過去三六年間存在したが、人々は逆にこの時期を収賄の自由を認められなかったとして、呪詛《じゅそ》してやまない。

自国民に対する日韓両国政府の態度の違い

中国で、北朝鮮から脱出した人たちを救出したNGO団体のメンバーから多くの逮捕者が出たが、日本人の場合は、逮捕されても二〇日間で釈放された。ところが韓国人は九ヵ月経っても拘禁されたままということが起こりうる。家族の努力も、韓国政府の非協力と脅迫めいた態度に妨《さまた》げられて一向に実を結ばない。自国民虐待は、李朝以来、朝鮮半島に勢力を張る両班の特徴である。

二〇〇三年一月、中国の煙台《えんだい》で脱北者たちを取材中、中国の公安当局によって逮捕拘禁された写真記者・昔在賢《ソクゼヒョン》の夫人姜恵元《カンヘウオン》（三八歳）が、駐韓中国大使館前で行なわれた〝駐中脱北難民支援韓国人釈放促求大会〟を終えて、帰途につくときの表情は、憂鬱《ゆううつ》そのものであった。

二日前に彼女は、中国で収監中の夫（昔在賢）と九ヵ月ぶりに面会した。三〇分間の面談で目にした夫の体は、病人のようだった。収監者二〇〇余名が共同で使用する剃刀《かみそり》のためか、「ウィルス」に感染した顔は、粘液でただれ、皮膚が荒れ、裂けていた。その間、彼はリンゲル注射で我慢させせられているという。

後日、彼女は夫がそのような死の瀬戸際にある事実を中国当局と韓国の外交部に訴え、善処を求めたが、なんら回答も得られなかった。

面会の席で彼女が、脱北者たちを日本人学校に進入させたために逮捕された日本人・山《やま》田《だ》文明《ふみあき》氏と韓国人三名が、前月釈放されたことを知らせると、「よかったね」とだけ彼は答えた。そして「もう希望的話はやめろ、聞くと一日が地獄だから」と言って涙を流した。

山田氏とともに釈放された三名のうちの一人、金基柱《キムキジュ》は「中国に二〇余日間拘禁されていた間に、韓国政府と日本政府との、自国民に対する誠意の見せ方と態度には、天と地ほどの差があることを痛感した」と語る。

二〇〇三年の八月十三日、彼が山田氏と一緒に上海拘置所に監禁された時、彼らはそれぞれの国の領事たちと初めての面接をした。

「山田氏には三人の日本領事が訪ねてきて、拘禁当時の状況と健康状態を一時間ほどチェックしていた。韓国側の領事は二人で、一〇分ほど、簡単な質問をしただけで帰っていった」

そのときの話の内容も、「山田氏は日本領事から『日本政府で最善を尽くすから、拘留中、健康を守るように』と言われた。一方、韓国領事はわれわれに『おそらく長引くだろう。この事件が中国の法に違反したことを知っているか、処罰される用意はできているか』と言った」。

そのうえで金氏はこう結ぶ。

「昔在賢（112ページ）の嫌疑はわれわれとなんら異なることもない。ただ、われわれは運よく、日本人とともに拘禁された。彼との差異は、それだけであった」

保護要請を拒否した韓国領事館

中国・浙江《せっこう》省で朝鮮族暴力団に拉致され、六日ぶりに釈放された崔長烈（三四歳）は、ソウル望遠洞の自宅で療養中であった。

彼の両手には、ライターと煙草の火であぶられた跡が見え、両足と胸には錐《きり》で刺された傷跡があり、撲《なぐ》られた跡も鮮明で、体じゅう傷だらけだった。

崔氏によれば、暴力団から釈放されたのは、彼の家族たちが外務省・在外国民保護センター、中国上海領事館、ソウル警察庁などに捜査および身辺保護を要請したにもかかわらず、何の支援も得られないために、身代金五五〇〇万ウォン（約五五〇万円）を支払った後のことであった。

釈放されたものの、場所は郊外の辺鄙《へんぴ》なところで、極度の恐怖に耐えられなかった崔氏は、その翌日、上海領事館に直接電話して、職員か警備員を付添いにつけてくれるよう、身辺保護を懇ろ《ねんご》に要請したが、上海領事館では、「あなたが釈放された場所は、上海から西南方にあり、車で四時間もかかるから遠すぎる。よって中国の公安当局に電話してみるから、直接訪問して依頼するかしたらいい」と言って、要請を拒否した。

崔氏は、中国人の友人と公安職員の助けによって、上海のプートン空港に向かった。崔氏は車中でも恐怖に戦《おのの》き、友人の携帯電話で領事館に電話をかけ、「空港の搭乗口まで、領事館職員か警備員の護衛をお願いしたい」と言った。

ところが領事館側の返事は「ただいま新聞・テレビ記者たちがこの問題を取材しており、われわれも忙しくて仕方がない。空港の公安派出所に電話するから、そこへ行くように」との返事であった。崔氏一行は何の保護も得られないまま、空港に入った。空港派出所の警備員たちは「連絡は全然受けていない」との返事であった。

崔氏は「そのとき領事館の職員が一人でも見えたら、自分は本当にありがたくて泣いたでしょう」と語り、同じような事件がまた発生しても、領事館はやはり、「遠くて行けない、電話一本かけてあげる」式で断わるであろうと、苦笑いするばかりであった。

朝鮮日報・社説の訴え

ここで「自国民の救助要請を踏み潰す政府」という二〇〇三年九月二十七日、朝鮮日報の社説を掲載したい。

「国家は国民の生命と財産、安全を保護することがもっとも基本的な責務である。公務員はこのことを完遂するよう国民が税金を出して雇用した公僕である。

ところが、最近中国で暴力集団に拉致された崔某氏とその家族が被《こうむ》った事態を見ると、わが政府と公務員は誰のために、なぜ存在しているのか、わからなくなる。家長が拉致された事実を聞いて、早急に現地を訪ねた家族に対し、外務省・在外国民保護センターは、『われわれの任務は領事館に知らせることだけだ』と言い、ソウル警察庁外事係は『警察庁本部に公文を送るから』という返答だけであった。

自国の国民の生命の危機が目前に迫っていても、公務員たちは形式的な手続きをするだけで、〃他人《ひと》ごと〃との態度を崩さなかった。

『在外国民保護センター』が発足したのは二〇〇〇年三月のことで、貿易会社の金某氏が三八日ぶりに釈放された拉致事件直後のことであった。

今回の崔氏拉致事件は、その事件のコピーそのものである。

しからば、『在外国民保護センター』はなんのためにあるのか、『警察庁の外事係』も公文の取扱いだけの任務なら、なぜ必要であるかを問われなければならない。

年間七〇〇万名が国外旅行をする時代だ。中国にだけでも年間一七〇万名が旅行し、どこでどのような事件に巻き込まれるか、わからない状況である。

在外公館は自国民保護を最優先の任務とすべきだ。ところが、千辛万苦《チョンシンマンコ》、ついに身代金を支払って釈放された崔氏が現地の領事館に身辺の保護を依頼したところ、『場所が遠いので困難だ』という返答であったという。

このことをどう解釈すべきか。自分の国の民が他国で裁判を経て死刑になっても〝われ関せず〟として知らぬ顔の政府が世界にありうるだろうか。

アメリカのように地球の終点まで追跡してでも自国民を保護する、というところまではできないまでも、危急の状況に陥った自国民の救助要請に対し、聞いたふりでもしてみせるのが政府の責務であるはずだ。わが国民は政府に期待しようなどとは、夢想だにしてはならない。

われわれは、各自が自覚して、生きていく道理をわきまえなくてはならない」

韓国が未曾有の台風被害を被り、全公務員が非常事態に対処して夜勤する中、現役の大統領がミュージカルを観賞していたこともさることながら、自国民が北朝鮮に不法拉致されたことにも抗議しないどころか、被害者とその家族を敵視する国は、世界中で唯一、韓国だけである。被害者家族が国に嘆願しても、金正日の気分を慮《おもんぱか》り、自国民よりも、主敵国首魁《しゅかい》のご機嫌取りに意を砕《くだ》く。そのうえ、秘密送金さえする始末だ。

国家とは、人民・領土・主権の三要素から成立する。李朝時代から韓国・朝鮮には、「人権・人民」は言葉の上では存在するが、不法の権力が今日まで続いており、したがって有名無実だ。是正しようにも、日本から学ぼうともしない今日、是正はありえない。日本から学ばないどころか、いまになって六〇年前の「反日法」を持ち出してきて「親日派」の迫害を強めている始末である。

自国民はあくまでも民草にすぎず、政府が脱北者・被拉致者を積極的に救出した前例は見られない。外国公館に避難した者だけが国家の体面上やむを得ず、引き取られるのみである。いっそのこと韓国・朝鮮の公務員は、外国人を無制限に雇用したらいい。

二〇〇三年十月十一日、東京の元商社マン・山中栄三郎《やまなかえいざぶろう》氏（六六歳）が中国の東北部を一人旅して帰途に瀋陽《しんよう》空港に到着したおり、迎えにきたと見られた男たちに車で誘拐され、東京の山中氏宅に、身代金五五〇万円を持参するよう要求されるという事件が発生したが、日本政府の迅速な対応で、三人の誘拐犯は当日のうちに逮捕された。山中氏は手錠をかけられたまま、アパートから無事救出された。

日本人は幸せである。

韓国人は、あらゆるメディアや教科書が日本を地獄のように表現し、自らを「三千里錦繍江山」と誇るが、実態は正反対である。

社会的「倫理指数」で測った韓国と日本

一九七一年のノーベル物理学賞受賞者で、ロンドン大学教授のデニス・ガボールが、倫理指数と社会的行動を援用して、社会の成熟度を一〇〇点満点で表示するという試みをしている。それによると、

一〇〇点　自分を表面に出さない。自己を犠牲にしてでも、良い仕事や他人への奉仕に献身する。人が危険に曝《さら》されたら、全力で救助する。国は通貨価値を守る。

九〇～一〇〇点　社会的に有益な仕事に献身。反社会的行動は絶対にとらない。エゴ（利己主義）は抑制されていないが、社会（自国民）の安全を守るためには、地の果てでも行って救助する。国は通貨の価値を守る。

八〇～九〇点　社会的に申し分のない行動をとる。しかもエゴと社会的環境との間で、自らのバランスをとり、利己的でない行動をとる。社会を守り、危険には相互扶助し、被害者とその家族を守る。国は通貨の価値を守る。

七〇～八〇点　正しい環境の中では、責任ある信頼できる態度をとるが、自分の所属集団の基準には付和雷同しやすい。しかし社会の安全を守るためには協同して戦う美点がある。通貨価値防衛。

六〇～七〇点　通常の条件の下では良い市民でも、反面賤しい利己的行動もとる。時々嘘をつく。社会を守るという義務感は、希薄だ。国はある程度通貨価値を守る。

五〇～六〇点　監督されているかぎり、社会的な存在として行動する。しかし時々不正なこと（万引・スリ・騙し）をする。倫理的な価値を尊ぶ感覚は乏しい。低い倫理水準に流れやすく、信頼性が薄い。

四〇～五〇点　嫉妬・憎悪にとみ、時として残酷。空想と空理を好み、犯罪的行動の傾向がある。真実より嘘を選《よ》り好みするから、法を踏み潰し、叛逆史観（主敵と連繋）の元首を選出、非正常的社会を醸成する。国は通貨価値をインフレーションに導き、自国民が他国に拉致されても被害者とその家族を守る意思はまったくない。歴史を歪曲し、そこから学ぼうとしない。

四〇点以下　野蛮で悪意があり、残忍で常習の犯罪人集団。社会に敵対することを革新と叫び、倫理を破壊して人の生命と財産を没収。専制・独裁を勝手に美化する。国は通貨価値を守らず、人を監視し、人権はなく、餓死させたり、強制収容で瀕死に導くことを改革といい、他国人でも平気で拉致する。国際的孤立・鎖国政策を徹底させる。

特徴は、成熟社会では倫理指数の高い人ほど、高い地位に上るが、成熟していない社会では倫理指数の低い人ほど、高い地位に上るようになるというものである。ガボールの倫理指数は、GNPより重要な国の指標となる。

韓国の倫理指数ははたしてどのぐらいになるだろうか？　新聞の社会面とテレビを見るかぎり、四〇～五〇点を超えそうにない。もちろん、北朝鮮などは四〇点以下と見られるだろう。

これは、政権を司《つかさど》る支配階級の責任も大きいが、そういう倫理指数の低い者を元首に選ぶ社会、国民にも責任がある。

日本人の行動と意識は、羞恥心の規制を受け、「他人の目」に対する意識から出発する。羞恥心は道徳心から出るのでもなければ価値判断でもない。他人の顰蹙《ひんしゅく》を買って恥ずかしい思いをするか、他人から村八分にされるということに対する恐れから発したもので、その結果、日本社会では、社会の礼法なり倫理の枠に従うという観念が強く、和を通じて一致団結することになる。

韓国のタクシー、韓国のケンカ

一八九五年、日清戦争の終結と同時に、韓国では、それまでの五〇〇年にわたる慕華思想（中国に対する敬慕）から一転して、慕和思想（日本に対する敬慕）に転換した。

それが一九四五年からは、慕華でもなく慕和でもなく、他人の目など意識しないで生きていくようになった。「東方礼儀の国」とは過ぎ去った昔の話で、今はその影もない。躾《しつけ》を失ってしまい、他人を尊重する心を見出すことも至難になった。

流行語に「自分は自分」というのがある。一方で「お前はお前」という言葉があり、つねにお前と俺は互いに関係がなく、自分のことだけを考えればよいというわけだ。だからといって自分のことに責任を負うでもない。

ソウルは地下鉄網が発達しているが、乗る人は、降りる人がいようがいまいが、自分だけ乗ればいいとばかり、降りる人を押しのけて、われ先に乗る。市内のエレベーターも同じことだ。

これは、利己主義がこの社会に蔓延《まんえん》していることを意味し、同時に倫理指数が低いことを如実に示すものだ。

以前、公衆電話を長いといって、待っている青年がナイフで通話中の女性を刺し殺すという事件があった。「心の知能指数」がいかに低いかを表わすものだ。

そのことは韓国の都市部で、タクシーに乗ろうとするときも如実にわかる。タクシーは荷物を持った人、年寄りを忌避し、若い女性を優先して乗せようとする。高齢者はやむをえず公共の乗物（バス）を選ぶ。

テレビドラマなどで、ケンカする場面を見れば、あらんかぎりの大声で怒鳴る。相手も負けじと大声で怒鳴り返す。沈黙は負けを意味し、たとえ警察が仲裁に入っても、ふつうは声の大きいほうを支援するから、夫婦ゲンカも喉《のど》が裂けんばかりに大声で言い争う。

韓国人にお決まりの威張り言葉

韓国化学の監査役を定年退職した友人が、故郷の扶余《プヨ》に帰って、領議政を務めた祖先の墓守りで余生を送っている。

そうした祖先を崇敬して、生涯を奉仕で送ることも、またわれわれが李舜臣将軍を民族共通の祖先として敬うことも、たいへん結構なことである。

だが、祖先がいくら英雄だからといって、自分までもが偉いわけではない。不出来な人ほど祖先の誇りを並べ立てる。

昔リンカーンと同席した人たちが、自分の祖先の自慢を始めた。するとリンカーンは、「私の祖先がどんな人だったかまったく知らない。しかし私が知りたいのは祖先ではなく、祖父の孫がどんな人間になるかということである」と答えた。

韓国人たちが日本について語る時、必ず「日本文化の源流は韓国だ」と言って威張る。われわれの祖先が偉いからといって、自分たちまでが偉いわけではないのはもちろんだ。

むしろ、かつてはわれわれから学んだ日本が今日、われわれを出し抜いていることを恥ずべきである。日本は倫理指数も国際的に見て最高水準であり、人数は一〇余人にすぎないが、北朝鮮に拉致された自国民を救出することに全力を尽くしている。

しかしわれわれはどうか。六・二五朝鮮戦争以来、一〇〇万人以上が北朝鮮によって不法に拉致されているのに、国は無関心なだけでなく、その家族を苛酷なほど苛《いじ》め、この国の大統領の一人は、敵国・北の首魁に秘密送金をして、自国および自国民を狙う核兵器製造を支援していながら、なんら呵責《かしゃく》の念も感じていない。

中国（東北部）も台湾も、かつては日本の統治を受けたが、旧日本統治時代の施設、総督府の建築遺構をそのまま使っている。台湾の李登輝前総統は、日本との美しい関係を誇りにしている。

韓国は「過去を清算する」と言って、二十世紀のもっとも秀れた石造建築であった旧総督府も取り壊してしまい、腐敗した李朝の伝統を蘇《よみがえ》らせようとして、景福宮を再建した。

歴史を正すこともなく、歴史から学ぶことも拒否し、国の最高責任者や青年たちが隣りの専制独裁国家の機嫌取りに熱中し、核兵器・大量殺傷化学兵器を造っている敵の首魁に、大統領が法律を無視して秘密送金する国。これこそ、デニス・ガボールがいうところの、もっとも倫理指数の低い者を元首に選ぶ、未成熟社会を体現したものであろう。

ＯＥＣＤ一二ヵ国の枠内に入ったと自慢はするが、歴史的伝統物は全部破壊し、そのうえ、働く者は働かない者から苛《いじ》められ、虐待と迫害を加えられるのが常である。昔から、書物も少なく読書率も低いのは、本を著わせば、書かない者たちから批判され、孤立化するからである。

時代小説を書いて斬刑《ざんけい》に処された著者

列強の餌食《えじき》となった李朝末期の朝鮮とその住民を救うために、当時の日本と併合させた賢臣たち（李完用など）の働きはなんら評価されることなく、働きもせず、傍観していただけの者たちがこれを非難し、戦後は海外に亡命した者たちが、日本の敗戦を機に国に戻って、これまた「親日派」賢臣たちの非難に熱中する。言葉では「東方礼儀」を自慢するこの国では、本を書けば、酷評・非難が集中し、ひいては司法当局にも目をつけられる。この国では本を書くこと自体が、危険を伴う冒険なのである。

五〇〇年前に朝鮮で最初の時代小説『洪吉童伝《ホンキルトンジオン》』を書いた形曹判書（司法大臣格）兼詩人文筆家で当時、人気の高かった許筠《ホキユン》は、彼を妬《ねた》んだ者の中傷によって、小説の内容が反逆者のものだとして斬刑に処された。告発は一方的なもので被疑者の弁解は問答無用であった。加えて連座法であったから、彼の家族の運命も悲しいものとなった。

こうなると、本を書くなら匿名で著わすしかない。そのため有名な『春香伝』『沈清伝』をはじめ、そのほかの韓国文学史を彩る多くの小説は、作者名が知られていない。匿名の作品ばかりである。

「働く者は喰うべからず、働かざる者だけが飽食する」

五〇〇余年にわたり、働く者が収得した生産物を、働かざる両班が搾取《さくしゅ》しつづけてきた〝働く者（生産階級の常民）は喰うべからず、働かざる（両班）者だけが飽食する〟社会伝統は、今もそう簡単に消えるはずもなく、役人は賄賂がなければ動かないのが常態だ。〝働かざる者喰うべからず〟といって、たとえ士《さむらい》といっても熱心に働いて生活した社会（日本）と、雲泥の差がつくのは当然である。

〝君、君たらずとも、臣、臣たらざるべからず〟、支配階級は君に準じて、常民（生産階級）に君臨し、科挙も独占して永久に世襲し、ありもしない祖先の功徳を文書化し、族譜（家系図）を自慢、あまつさえ「三千里錦繡江山」の有名所に陵山を築いた。

支配階級であったことを誇るために「風水地理」を独占し、その先祖の墓が住民たちを睥睨《へいげい》する。このような人々に政治を任せれば、自ら民族を亡ぼす以外にないことは、李朝五〇〇年と、今日の北朝鮮が証明している。

一九一〇年の日韓併合は、韓民族にとって、天佑神助の好機であった。日韓併合は、教育にも「日本精神」を体得させる効果をもたらした。「誠の精神」で「率先垂範」「実践躬行」「言行一致」という、われわれにとっては前代未聞の倫理規範を、教えてくれた。

儒教・朱子系の空理空論を土壌に、枯死寸前であったこの仮死状態の社会は、この「誠の精神」によって、再び息を吹き返すことになったというのが、歴史の真実である。

四章　併合で生き返った朝鮮経済

日本の統治を見直す新たなる歴史認識

「日帝植民地時代は、日帝の一方的収奪の下、植民地朝鮮の民衆は窮乏と桎梏《しっこく》に呻吟《しんぎん》していた」というのが、一九八七年の「六・二九民主化宣言」以降、韓国で共通した歴史認識であり、国定教科書でも、このとおり書かれている。

ところが最近、学界の一角で、こういう認識は植民地時代の朝鮮の実状とは、おおよそかけ離れているという主張が台頭している。特に経済的発展が顕著であり、当時蓄積された近代的資本主義の土壌が、一九六〇年代以後の飛躍的経済成長の大きな礎《いしずえ》となったというものだ。

このような主張を掲げている代表的な人物が、落星垈経済研究所所長で、ソウル大学経済科教授でもある李榮薫《イヨンフン》氏である。以下に、韓国日報(二〇〇四年四月二十二日付)のインタビューに答えた李教授の主張を、要約して掲げることとしよう。

「私が日帝植民地時代のイメージを修正するようになった個人的動機は、一九九〇年、日帝の〈土地調査事業共同研究〉のために全国を巡回し、土地台帳など原資料を蒐集《しゅうしゅう》したことだった。

慶南・金海市地域には、大量の原資料が残っていた。それらの資料を検証して、教科書とはあまりにも異なる内容に驚いた。

『土地申告をやらせて、無知な農民たちの未申告地を容赦なく奪った』と教科書の記述にはあるが、実際はまるで異なり、未申告地が発生しないよう綿密な行政指導をしており、土地詐取が発生することのないよう、繰り返し指導と啓蒙を進めていた。

農民たちも自身の土地が測量され、地籍簿に記載されたのを見て喜び、積極的に協調した。その結果、墳墓・雑種地を中心に〇・〇五％程度の未申告地が残ったにすぎない。それを知った時、私が持っていた植民地朝鮮のイメージは、架空の創作物にすぎないものであったことを自覚した」

――それでは土地調査事業の目的は何であったか？

「日帝の植民地統治史料を詳細に観察すれば、朝鮮の永久併合が、植民地統治の目的であったことが認められる。

掠奪ではなく、日本本土と同一の制度と社会基盤を築いた国を造って永久編入させようという野心に満ちた支配計画を持っていた。近代的土地・財産制度などは、以上のための過程であった。

日帝が朝鮮を永久併合しようとしたことは、はじめから間違った計画であった。日本内部でも、独自の歴史を持つ文明民族を同化させることは不可能であり、莫大な費用がかかるから、植民地化するのではなく、健全な協調の下に、大韓帝国が自主独立できるように、支援すべきだという主張もあった。

その過程で、われわれが能動的に対処していたら、植民地化を避ける機会もあったろう。日帝による永久併合のための朝鮮の近代化は、民族意識の高揚と抵抗を招く基本的矛盾を内包していた」

――日帝植民地化以前の朝鮮の経済状況は、どんなものであったのだろうか？

「一九一〇年以後については、統計資料があるが、それ以前については、直接的資料がないので、具体的に例証することはできない。

それでも、三〇〇坪当たりの小作料や、米の値段の上昇を表わす間接的資料などを通じて、おおよその輪郭を描くことはできる。趨勢《すうせい》としていえることは、十八世紀の間、一人当たりの所得が徐々に落ち込み、十九世紀後半、急激に減少したということだ。一七五〇年を頂点として、農村の市場数・人口・米の生産性などが一斉に下落、米穀代は上昇し、実質賃金が下落するなど、経済が沈滞に向かったとする有力な証拠を発見することができた」

植民地時代の朝鮮半島で起こった変化

――日帝の強制併合以後の経済的変化は？

「沈滞したままの朝鮮経済に、一九〇〇年前後を境にして上昇気運が見られるようになる。日本からの資本の流入とさまざまな支援によって、近代的市場制度の定着、所有権制度の整備、近代的企業制度に不可欠な商法の確立、取引の安全性を保証する信託制度、通信・運輸の発達などが見られたからである。

植民地時代を通じ、日本からは総額八〇億ドルの資本が流入し、日本人の農場と工場が増えて、韓半島地域単位のＧＤＰが上昇し、一人当たりのＧＤＰと、生活物資の消費量などが大きく増加した。一九二〇、三〇年代のＧＤＰは年平均四％程度上昇している」

――植民地時代に韓国民衆の生活水準が上昇したということか？

「そのとおりである。何よりも人口が増えた。十九世紀以来、減少する一方だった人口が、二十世紀に入り増加傾向に変わった。

人口の動向は、衛生環境や伝染病などとも関連があって、それ自体が直接的資料とはいえないが、当時の経済状況を推定する資料になる。植民地時代、韓半島の人口は、その以前の一七〇〇万名から三〇〇〇万名（海外移住三〇〇万名除外）に増加した。これは、経済力が高まった証拠だ」

——当時の世界経済で、GDP年平均四％成長の意味は？

「一九二〇年代は世界経済の沈滞期であった。当時最高の好景気といっても、二％の成長を示した国はほとんどなかったが、日本の資本主義は、年三％以上の持続的成長を継続していた。植民地朝鮮の経済発展は、韓半島と満州、台湾を包含した日本経済圏に共通した成長の結果であった」

英国型植民地統治と日本統治の違いとは

——日本資本主義に特別な要因でもあったのか？

「活発な資本輸出である。

日本は自国通貨と一対一で交換できる植民地通貨圏、すなわち、円貨を共用貨とする円通貨圏を創出したために、ドルとか金の支払い負担の必要もなく、大量の資本を台湾と朝鮮、満州に投入することができた。大量投資と地域開発で、朝鮮のメリヤスや履物などの軽工業製品が満州に輸出されるなど、日本経済圏内の市場・分業関係が強まり、活発な資本と商品の移動が進展した」

——英国なども植民地を持っていたではないか？

「英国などは、植民地に資本財・中間財を輸出して産業を興《おこ》そうという気は、さらさらなかった。西欧帝国主義は基本的に、原料収奪型であった。日本と異なり、永久併合が目的ではなかったから当然であった。東インド会社に英国が投資して経営するものの、いつでも、離れ去ることができるよう商業的投資をした。それが帝国主義本来の姿である。

日本と植民地朝鮮の関係は、そのような原則で推し測ることはできない。

地理的に隣接しており、人種的に相似で、文化的にも相当の類似性が見られたので、むしろ日本はひとつの大きな日本を形成しようと企てたと考えるのが妥当だ」

韓国にとって日本の統治は幸運だったか？

——そのような日帝の政策は、結果的にわれわれにとって幸運であったか？

「一九四一年から四五年まで、北朝鮮地域には、思いもよらないほどの膨大な重化学工場が建設されて、その直接的受恵者は北朝鮮であった。朝鮮戦争当時、相当部分が破壊されたが、最初の建設こそが難しいのであって、その復旧はたやすいことだ。

しかし北朝鮮は、市場経済制度を清算した結果、飢餓のどん底に陥った。反面、日帝が構築した資本主義的市場の秩序を保存し、発展させた韓国経済は大きく発展した。

したがって日帝が残した物的遺産が五〇年代以降、どの程度役に立ったかは疑問ではあるが、植民地当時に定着した市場経済、システムを、解放後も韓国が破壊しないで、今度はアメリカの主導下で再び建設し、世界の資本主義体制に能動的に参画しえたことは、疑いもなく幸運なこととといえるだろう」

——日帝の植民地統治が、朝鮮半島の自主的な資本主義発展の可能性を、かえって潰したというのが通説ではないか？

「われわれは十八、十九世紀の歴史に対して、本当のことを知らないでいる。

推計によれば、一九一〇年当時、朝鮮の一人当たりの国民所得は四〇ドル（一九三七年のレートでは約六〇ドル）水準であった。産業施設もなく、きわめて貧困の状態であった。資本蓄積率が低く、人口の九〇％が農業に従事する農業社会であったが、十八世紀以降、長期的沈滞期を経ていた。一種の道徳的価値観や、名文論《めいぶん》が支配する社会であって、労働規律とか、勤労意欲が発達していなかった。

そのために、経済が長期的に沈滞し、いつ自然解体してもおかしくないという危機的状況が継続していた」

――解体の危機とは民乱などを指すのか？

「それはひとつの現象である。社会が自己統合力を喪失する時、民衆が支配階級の正統性を、これ以上容認しない時に暴動が起きる。一八四〇年頃から、いたるところで民乱が発生し、約五〇年間、農民たちが集団的反乱に参加した。朝鮮王朝、支配階級、すなわち王族とか官僚が、統率力を行使することができなくなり、社会を健全なる方向に導く先進的イデオロギーが欠如していた。

事実、植民地の初期には、我が国の知識人たちは十九世紀を振り返りながら、本当に自分たちの歴史が恥ずかしいという話をいたるところで語っていたものだ。

解放以後、このような認識をすべて停滞論として非難して、過去の歴史を肯定的、進取的に記述してきた。しかし真の歴史の追究を避けては、歴史から教訓を得ることはできない」

世界の中でも突出した貿易額の伸び

李教授の主張するところは、大筋において私が述べていることときわめて近い。このように主張する学者は、ほかにも見られるが、反日世論に慮《おもんぱか》って、いまだ積極的な論証が進んでいないのが残念である。

それはともかく、李教授も述べている日本統治時代の朝鮮経済の実状がいかなるものであったのか、具体的な統計数字を見ながら、概観していくことにしたい。

併合前と併合後で、いわゆる植民地時代の朝鮮経済で起きた変化は、貿易額の推移を概観すれば明らかである。

次ページの〈表1〉は十九世紀末以後における日朝中台の極東四ヵ国・地域の貿易額（輸出入総額）の推移をドル換算で表示したものである。

〈表1〉極東4カ国・地域の貿易額

	輸出入総額（単位：100万ドル）				同指数（1913年を100として）				
	日　本	朝　鮮	中　国	台　湾	日　本	朝　鮮	中　国	台　湾	全世界
1896	147	6	270	10	19	11	38	18	
1900	241	10	278	18	31	20	39	32	
1904	337	17	385	22	44	34	54	39	
1908	426	27	436	35	55	53	61	63	
1910	**534**	**30**	**557**	**54**	**69**	**58**	**78**	**95**	
1912	659	44	624	62	86	85	88	110	
1916	1,087	66	789	89	141	130	111	157	
1920	2,551	221	1,617	193	331	434	228	342	162
1924	2,249	268	1,450	162	292	526	204	288	140
1928	2,532	363	1,553	204	329	711	219	362	166
1932	1,132	178	524	114	147	348	74	202	66
1936	2,211	392	490	197	287	770	69	349	63
1940	2,360	582	242	246	306	1,142	34	435	

【資料】朝鮮総督府『朝鮮貿易年表』、台湾総督府『台湾貿易年表』
Hsiao Liang-Iin, China's Foreign Trade Statistics 1864～1949
Harvard University Press, 1974.
宮崎犀一外編『近代国際経済要覧』東京大学出版会、1981
溝口敏行・梅村又次編『旧日本植民地経済統計』東洋経済新報社、1988

これら四ヵ国・地域間の相対的変化は、驚くべきものである。貿易額は、一九一〇年代の第一次世界大戦期に急増し、一九二九年の大恐慌の時には一時減退したが、再び拡大した。また、日本と中国の順位が逆転し、朝鮮の貿易額が爆発的に急伸していることも注目される。

朝鮮の貿易額は、併合前まではわずかなものであったが、併合後の貿易規模は、台湾を引き離し、日中戦争勃発後は、中国をも逆転している。

一九三〇年代、世界の貿易全体が縮小傾向であったときに、日本・朝鮮・台湾の三地域はきわめて高い伸長率を示した。

このことは、日韓併合以前の朝鮮が暗黒社会であり、当時の指導階級が無知無能で、まったく経済観念がなかったことを示し、一方で日本の指導を受けた併合後の伸長は、高麗滅亡以来、眠らされてきた民衆の能力が、五〇〇年間も温存されていて、ようやく甦ったことを示している。

円ブロック圏の順調な経済成長

また、人口一人当たりの貿易額で比較すると、一九一〇年に、

〈表2〉極東4カ国・地域国内純生産に対する貿易額の比率

（単位：%）

	日　本	朝　鮮	台　湾	中　国
1904	25.4	——	46.8	——
1908	22.9	——	55.7	——
1910	**29.5**	——	**55.5**	——
1912	28.1	15.6	56.6	——
1916	35.9	20.5	66.4	——
1920	36.8	24.2	64.0	——
1924	36.1	37.6	66.7	——
1928	35.6	48.1	73.7	——
1932	31.8	45.1	68.6	9.3
1936	42.4	60.3	78.8	6.4
1938	33.5	66.2	81.6	——

【資料】朝鮮総督府『朝鮮貿易年表』、台湾総督府『台湾貿易年表』
溝口敏行・野島教之「国民経済計算」および附表、
巫寳三編『中国国民所得』上冊、中華書局、1948

日本五・五ドル、朝鮮〇・七ドル、台湾〇・七ドル、中国六・五ドル
であったのが、一九三九年には、
日本三四・二ドル、朝鮮二七・三ドル、台湾四四・一ドル、中国〇・六ドル
と、朝鮮は台湾に次ぐ急上昇を示し、日本との比率でも79・8%にまでなった。

この貿易額を「国民経済」規模と比較したのが前ページの〈表2〉で、国内純生産（NDP）に対する貿易額の比率である。

この〈表2〉で見るかぎり、一九三〇年代の中国経済は、対外貿易が占める比率はきわめて低いが、台湾は一貫して高水準であることがわかる。

これに対して朝鮮の貿易比率は、きわめて低かったものが、併合以来、急速に上昇しつづけて、日本の水準の倍にまで達し、本国の日本よりも貿易の依存度が高くなっていることがわかる。

また、一九三〇年代の世界の貿易全体が崩壊状態であったにもかかわらず、日本と朝鮮・台湾の貿易額は、ますます伸長している。

なお、朝鮮貿易の急増した原因を検討してみると、そのほとんどが日本帝国内の円ブロック圏での輸移出と輸移入で占められていることが特徴で、圏内貿易は、一九三〇年代の

朝鮮の全輸移出の98・5%、全輸移入の94・2%を占めるようになった。
これは、日本と朝鮮とが物流において結合を強めていることを意味する。

ようやく始まった本格的な経済活動

朝鮮の貿易の内訳をより詳しく見ていくと、まず145ページ〈表3〉の輸移入額に占める産業別の比率では、工業製品の比重が農業製品をはるかに上回り、60%から80%台を占めている。

〈表4〉では、輸移出額に占める農業製品の比重が低下していく中で、工業製品の比重が上昇しているさまが示されている。

一九一〇年の併合時に輸移出額に占める割合が農業製品78・2%、工業製品13・6%だったのが、一九四〇年には農業製品が22・6%、工業製品が63・9%と、はっきり逆転している。

このことは、李朝五〇〇余年間、インフラも整備されることなく、経済活動も皆無に等しく、生活に必須な農業だけが細々と営まれ、これが産業といえるもののすべてであったのが、一九一〇年の併合を機にして、本格的な経済活動が始まったことを意味する。

十九世紀末から二十世紀にかけての産業革命によって、手はじめに軽工業製品の輸入国から輸出国へと転じた日本の資本主義は、重化学工業の発展に重点を移していった。なかでも製鉄業と、工場電力化の普及に伴う基礎として、発電、化学の分野で大きな発展を遂げた。

一九二〇年代、日本は第一次大戦終了後の恐慌脱出の政策として、為替相場を下落させ、綿織物や絹織物など代表的な軽工業製品の輸出を拡大すると同時に、外国からの重化学工業製品には高関税を課すことで、他の先進資本主義国よりも早く、恐慌から回復することができた。さらには、重化学工業を含む工業全体を躍進させた。

これが先の〈表1〉（139ページ）に表示した、一九二〇年代における貿易額の拡大をもたらした基本的要因である。

一九三〇年代に入って、世界市場は様相がまったく変わり、長い間依存してきた欧米資本の導入も不可能となり、各国は自国産業の保護のために、ブロック圏を強化するようになった。

その結果、日本の軽工業品も世界から排除されるようになると、日本はやむを得ず、朝鮮・台湾を含む東アジアを中心とした、ブロック経済化に向かって進展した。

〈表3〉朝鮮の産業別・輸移入額とその比率

	輸移入額（単位：百万円）					比率（%）		
	農　業	工　業	鉱　業	その他	合　計	農　業	工　業	鉱　業
1908	3	35	1	1	41	8.3	84.7	3.4
1910	**3**	**33**	**1**	**3**	**40**	**8.4**	**83.2**	**2.0**
1912	5	55	2	5	67	8.2	82.6	2.3
1916	6	60	2	6	74	7.4	80.8	3.3
1920	40	153	18	29	239	16.6	63.9	7.6
1924	62	225	10	13	310	20.0	72.5	3.3
1928	74	315	13	12	414	18.0	76.0	3.1
1932	47	249	11	13	320	14.8	77.9	3.4
1936	118	601	28	16	762	15.4	78.8	3.7
1940	227	1,190	96	23	1,536	14.8	77.5	6.3
1941	158	1,230	105	26	1,519	10.4	81.0	6.9

【資料】朝鮮総督府『朝鮮貿易年表』
【備考】「農業」には林業・水産業を含む、「その他」は小包郵便物、旅客携帯品、内容不明の物など　〈表4〉も同様

〈表4〉朝鮮の産業別・輸移出額とその比率

	輸移出額（単位：百万円）					比率（%）		
	農　業	工　業	鉱　業	その他	合　計	農　業	工　業	鉱　業
1908	12	1	0	0	13	88.5	7.9	2.8
1910	**15**	**3**	**1**	**0**	**19**	**78.2**	**13.6**	**7.1**
1912	16	3	1	1	20	77.7	14.2	5.4
1916	34	15	4	1	55	61.6	28.1	8.0
1920	129	36	8	19	192	67.2	18.8	4.0
1924	252	60	8	10	329	76.5	18.1	2.3
1928	255	87	9	15	366	69.7	23.7	2.4
1932	201	88	8	14	311	64.6	28.1	2.7
1936	333	215	26	19	593	56.1	36.3	4.4
1940	214	605	78	51	948	22.6	63.9	8.2
1941	333	497	85	59	973	34.2	51.0	8.7

【資料】朝鮮総督府『朝鮮貿易年表』

朝鮮にも重化学工業化の波

一九三〇年代、日本は重化学工業の発展のために、朝鮮・台湾・満州の工業化に力を入れるとともに、これら域内での軍需市場の創造を図る方針を推し進め、莫大な日本資本を投入した。

他方、域内で日本の重化学工業の輸出市場を創出し、日本帝国の自主的循環体系を構築していった。

ところが、この域内（植民地）のアウタルキー構造も、資本・構造的に限界があり、資金循環面でも早晩行きづまることが明白であったために、「大東亜共栄圏」の名のもとに、軍事的膨張主義へと進まざるを得なかった。

このような重化学工業化の中で、朝鮮社会の産業構造がいかに改編していったかを観察すべきである。

次ページの〈表5〉は、一九一三年を一〇〇とした世界各国の工業生産指数の推移を示したもので、それによると先進国の工業生産と日本・朝鮮・台湾のそれとでは、異なる様相を示していることがよくわかる。

（一）一九二〇年代は、世界水準と比較して、日本・朝鮮・台湾の伸長率がきわめて高

〈表5〉世界各国・工業生産の伸長率（1913年を100として）

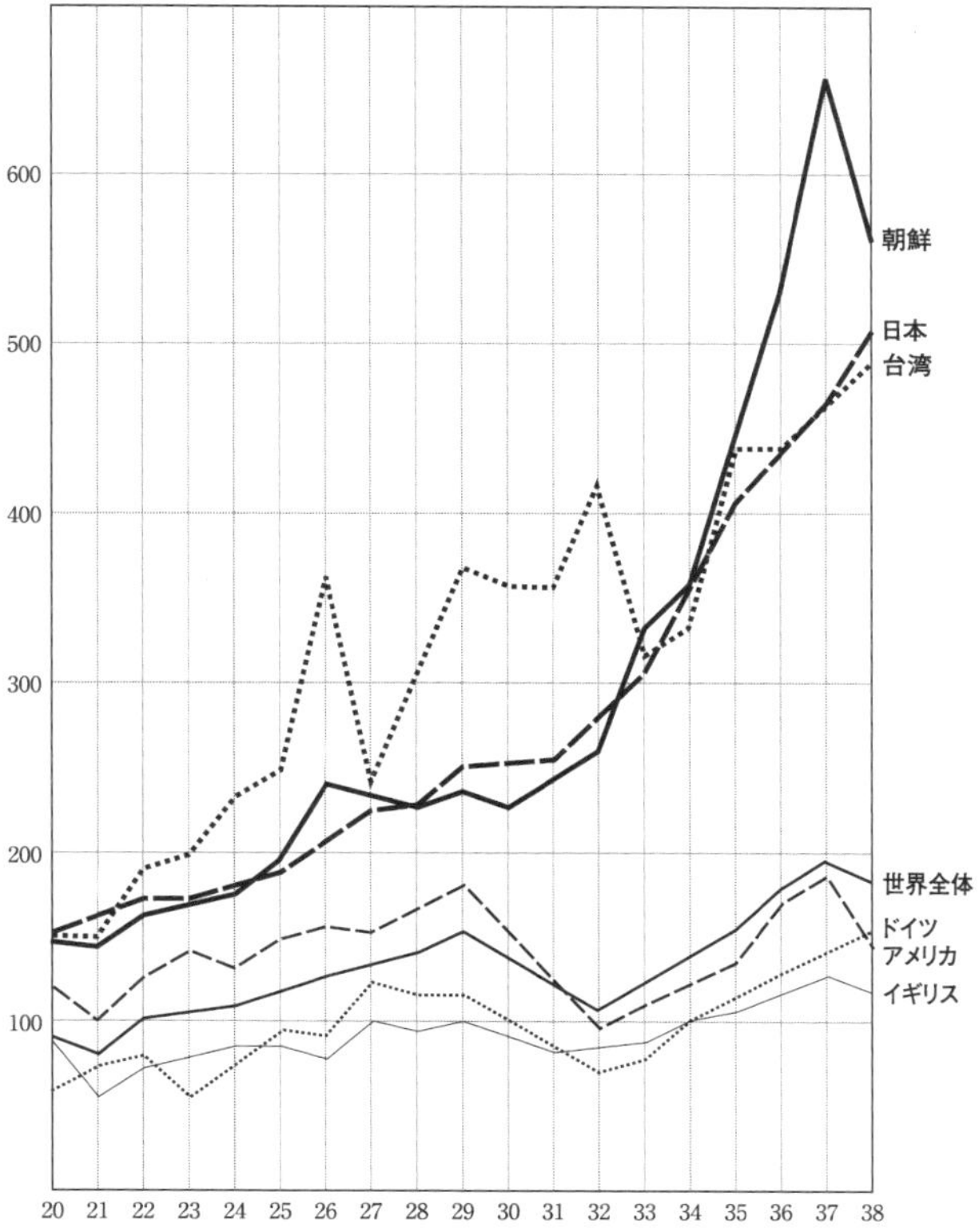

【資料】F.ヒルガート、山口和男訳、『工業化の世界史』ミネルヴァ書房、1979

い。

（二）大恐慌（一九二九年）の後、日本帝国圏は若干停滞する程度であったが、先進資本主義諸国は大幅縮小した。

（三）一九三〇年代半ば以降の回復過程でも、日本帝国領域内の増加率は、他の先進国を大きく上回っている。

この結果、工業生産の伸長率において、一九二〇年以降の一八年で欧米先進国が50％以下の増加にすぎなかったのが、日本は五倍という驚異的飛躍を達成した。朝鮮・台湾にいたっては、おおむね日本と同等か、または、それ以上の成長を示している。

一九三〇年代は、日本の重化学工業、軍需産業の発展と、域内（朝鮮・台湾・満州）の工業化による市場の創造と相俟《あいま》って、産業構造の改編につながった。

朝鮮内の消費額は七・一倍に膨張

次の〈表6〉は、朝鮮工業製品の輸移入額・輸移出額と、生産額および朝鮮内消費額を

〈表6〉朝鮮の工業製品──貿易・生産・消費

（単位：千円）

	輸入額 A	日本からの移入額 B	輸出額	日本への移出額	生産額 C	消費額 D	C/D (%)
1914	16,935	30,833	1,495	2,950	29,623	72,946	40.6
1916	17,267	42,822	5,784	9,605	68,192	112,893	60.4
1918	23,795	93,679	6,458	29,989	162,241	243,267	66.7
1920	44,867	107,779	6,400	29,593	231,446	348,099	66.5
1922	51,679	110,458	9,372	36,543	257,416	373,639	68.9
1924	54,839	171,749	12,438	47,088	276,863	441,925	62.6
1926	53,714	211,416	13,843	59,917	344,628	535,998	64.3
1928	58,692	256,004	18,794	68,080	318,714	546,535	58.3
1930	39,735	237,286	17,523	63,398	280,964	477,064	58.9
1932	28,812	220,647	19,292	68,319	310,837	472,685	65.8
1934	38,539	377,443	36,657	103,509	438,402	714,218	61.4
1936	58,546	541,988	53,427	161,914	730,807	1,116,000	65.5
1938	67,010	807,620	129,234	268,613	1,142,597	1,619,379	70.6
1940	85,944	1,104,518	121,005	483,787	1,873,634	2,459,304	76.2

【資料】朝鮮総督府『朝鮮貿易年表』、同『統計年報』

表わしたものである。

(一)輸入工業製品の消費額に占める比率は、一九二〇年の12・9%から、一九四〇年には3・5%まで低下し、日本からの移入額が消費額に占める比率は、30・9%から44・9%と推移している。

(二)輸入と移入の総額は、一九二〇年から四〇年までの二〇年間で、七・八倍に増えている。

(三)朝鮮内の生産額は、同じ二〇年間に八・一倍に増加し、消費額に対する比率=「朝鮮内自給率」も66・5%から76・2%まで上昇をした。

(四)このように輸移入と生産、ともに増加していったことは、この間に朝鮮内の消費額が七・一倍に膨張したためであった。

日本からの移入、朝鮮内の生産・消費がともに大きく増加したことで、工業製品の市場が膨張の一途を辿った。

紡績・金属・化学工業の目ざましい発展

次に、輸入・移入工業製品の内訳を見てみよう。

〈表7〉工業製品の輸移入額の推移

	輸移入額（単位：百万円）						同比率（%）				
	食料品	生活財	生産財	資本財	建設財	合　計	食料品	生活財	生産財	資本財	建設財
1914	7	27	8	4	3	48	13.8	55.6	17.0	7.5	6.1
1916	7	33	13	3	4	60	12.0	55.3	21.1	5.7	5.0
1918	11	60	20	17	9	117	9.5	50.8	17.0	14.6	8.0
1920	19	75	36	15	7	153	12.6	48.9	23.8	9.9	4.8
1922	19	85	39	10	10	162	11.7	52.3	23.8	6.3	5.9
1924	26	120	58	13	8	225	11.8	53.3	25.8	5.6	3.5
1926	32	128	82	13	9	265	12.2	48.4	31.1	4.7	3.5
1928	36	145	91	24	18	315	11.5	46.2	28.9	7.7	5.6
1930	30	127	78	25	17	277	10.8	45.9	28.0	9.0	6.3
1932	28	122	68	15	16	249	11.1	48.9	27.4	6.1	6.5
1934	35	197	117	35	31	416	8.5	47.4	28.2	8.4	7.5
1936	51	251	172	71	57	601	8.5	41.8	28.6	11.8	9.4
1938	60	358	235	120	101	875	6.0	41.0	26.8	13.7	11.6
1940	82	441	294	252	121	1,190	6.9	37.0	24.7	21.2	10.2
1941	58	596	246	222	108	1,230	4.7	48.5	20.0	18.1	8.8

【資料】朝鮮総督府『朝鮮貿易年表』、同『統計年報』
【備考】輸入は日本を除く外国からのもの。移入は日本からのもの

〈表8〉工業製品の輸移出額の推移

	輸移出額（単位：百万円）						同比率（%）				
	食料品	生活財	生産財	資本財	建設財	合　計	食料品	生活財	生産財	資本財	建設財
1914	1	1	3	0	0	4	15.3	19.6	65.1	0.0	0.0
1916	1	5	9	0	0	15	6.2	32.2	61.7	0.0	0.0
1918	4	3	30	0	0	36	11.0	7.9	81.0	0.0	0.0
1920	5	2	23	0	5	36	13.0	6.9	65.2	0.0	14.9
1922	3	7	33	0	3	46	7.5	14.4	72.4	0.1	5.7
1924	9	10	39	1	0	60	15.1	16.7	65.6	2.1	0.6
1926	5	14	53	1	0	74	7.1	19.3	71.9	1.5	0.2
1928	9	18	58	2	0	87	9.9	21.0	67.0	1.9	0.3
1930	9	19	52	2	0	81	10.6	23.5	63.8	2.1	0.0
1932	9	18	57	3	1	88	9.9	21.1	65.2	2.9	1.0
1934	11	31	95	3	0	140	8.1	22.1	67.7	2.1	0.0
1936	16	45	145	6	4	215	7.3	20.7	67.1	3.0	1.9
1938	25	96	240	22	15	398	6.4	24.1	60.3	5.5	3.7
1940	31	116	362	26	70	605	5.1	19.1	59.8	4.3	11.6
1941	28	96	307	26	39	497	5.7	19.4	61.9	5.2	7.9

【資料】朝鮮総督府『朝鮮貿易年表』、同『統計年報』
【備考】輸出は日本を除く外国へのもの。移出は日本へのもの

工業製品の部門別分類は、まず軽工業品と重工業品に区別し、軽工業品は「食料品」と「生活財」に、重工業品は流動資産に該当するものを「生産財」、固定資産に該当するものを「資本財」、建設資材は「建設財」とした。

すなわち「食料品」「生活財」「生産財」「資本財」「建設財」の五分類である。

以上の五分類で、輸移入の構成を表わしたものが〈表7〉である。食料品と生活財の比重が低下し、生産財は上昇後は安定。資本財は第一次大戦期に急増したが（一九一八年）、その後は低下し、建設財とともに一九三〇年代後半に急増している。

貿易額は、一九三〇年初頭の恐慌期に一時減少しているが、ほかはどの部分も順調に伸びていたことが注目される。

次の〈表8〉で輸移出額の部門別構成比を見れば、工業製品全体の輸移出が急増する中で、生産財が一貫して60％台を占めていることがわかる。なかでも日本に対する原材料・半製品の移出が大きな比重を占めていた。

さらに生産財の内訳をみると、化学・紡織・金属の三部門がおもなところである。金属は鉄と銅が拡大再生産され、紡織は絹織物業が中心だった。

一方、化学工業が発展した原因は、朝鮮の東海岸で鰯《いわし》の漁獲量が急増して、油脂・魚肥

〈表9〉工業製品の生産額の推移

	生産額（単位：百万円）						同比率（%）				
	食料品	生活財	生産財	資本財	建設財	合　計	食料品	生活財	生産財	資本財	建設財
1920	88	116	22	5	0	231	38.2	50.1	9.5	2.3	0.0
1922	101	112	40	5	0	257	39.4	43.4	15.3	1.8	0.0
1924	129	108	35	6	0	277	46.4	38.9	12.7	2.0	0.0
1926	150	123	64	6	2	345	43.4	35.7	18.4	1.9	0.6
1928	148	105	53	10	2	319	46.5	32.9	16.7	3.1	0.7
1930	115	94	58	11	3	281	40.9	33.5	20.7	3.9	0.9
1932	137	93	69	9	3	311	44.0	30.1	22.3	2.8	0.9
1934	179	131	113	11	4	438	40.9	29.9	25.8	2.4	0.9
1936	250	180	280	14	7	731	34.2	24.6	38.3	2.0	1.0
1938	333	298	472	27	12	1,143	29.2	26.1	41.3	2.4	1.1
1940	461	476	836	79	22	1,874	24.6	25.4	44.6	4.2	1.2

【資料】朝鮮総督府『朝鮮貿易年表』、同『統計年報』

〈表10〉工業製品の消費額の推移

	消費額（単位：百万円）						同比率（%）				
	食料品	生活財	生産財	資本財	建設財	合　計	食料品	生活財	生産財	資本財	建設財
1920	103	188	35	21	2	348	29.6	54.0	10.0	5.9	0.6
1922	117	190	45	15	7	374	31.3	50.9	12.0	4.0	1.9
1924	146	218	54	17	8	442	33.0	49.2	12.2	3.8	1.7
1926	177	237	93	18	11	536	33.0	44.2	17.3	3.3	2.1
1928	176	232	86	33	20	547	32.2	42.5	15.7	6.0	3.6
1930	136	202	84	34	20	477	28.6	42.4	17.7	7.2	4.2
1932	156	197	81	21	18	473	33.0	41.6	17.0	4.5	3.8
1934	203	298	136	42	35	714	28.5	41.7	19.0	5.9	5.0
1936	285	386	307	79	59	1,116	25.6	34.6	27.5	7.0	5.3
1938	368	561	466	125	99	1,619	22.7	34.6	28.8	7.7	6.1
1940	512	801	768	305	74	2,459	20.8	32.6	31.2	12.4	3.0

【資料】朝鮮総督府『朝鮮貿易年表』、同『統計年報』

の生産が伸びたこと、朝鮮窒素《ちっそ》の興南《こうなん》工場が稼動しはじめ、その製品の移出を開始したためである。化学工業製品では、従来の移入過多が移出過多に急転し、日本との関係は、原材料を中心として結合を強めていくようになった。

〈表9〉は、工業製品の生産額を先の五部門に分けて表示したものであるが、これによると、一九二〇年代以後、生産総額は二〇年に八倍に増大している一方で、構成比の変化は明瞭である。

食料品と生活財は、一九二〇年の88・3％から、一九四〇年には50・0％に低下した代わりに、生産財が9・5％から44・6％に上昇している。

〈表10〉は工業製品の部門別消費額を表わしたものである。これによると一九二〇年から一九四〇年までで消費額全体は七・一倍に拡大したことがわかる。

部門別では、建設財が三七倍、生産財が二一・九倍、資本財一四・五倍、食料品が五・〇倍、生活財が四・三倍である。

この背景には「民間消費市場」の急速な拡大があり、そこに暮らす人々の生活水準の向上も推定される。

〈表11〉工業製品の自給率の推移

（単位：％）

	食料品	生活財	生産財	資本財	建設財	合　計
1920	85.8	61.6	63.1	26.2	0.0	66.5
1922	86.7	58.8	88.0	31.7	0.0	68.9
1924	88.0	49.5	65.0	32.8	0.0	62.6
1926	84.6	51.8	68.4	35.9	19.2	64.3
1928	84.2	45.2	61.9	30.7	11.7	58.3
1930	84.3	46.5	69.2	32.0	12.8	58.9
1932	87.8	47.5	86.0	40.9	15.0	65.8
1934	88.3	44.1	83.5	24.9	11.7	61.4
1936	87.7	46.5	91.2	18.2	11.9	65.5
1938	90.5	53.2	101.1	21.6	12.4	70.6
1940	90.1	59.4	108.8	25.8	30.2	76.2

【資料】朝鮮総督府『朝鮮貿易年表』、同『統計年報』

一方、消費工業製品の自給率を調べると、〈表11〉のとおりである。

食料品は一貫して90％近くを自給していたが、資本財と建設財は一九四〇年にいたってもいまだ低率で、日本からの配給に依存していた。しかし生産財の自給率は100％を超過しており、先ほども触れた化学・紡織・金属にかぎれば、一九三〇年代半ばには自給率100％を超過していた。

一九三〇年代後半の五カ年間に、もっとも重要な化学部門の輸移出額は、輸移入額と均衡しており、これは朝鮮内で生産した生産財の朝鮮内消費が急速に進展したためであった。

五章　「日韓併合」とは何だったのか

終戦間際の日本の不手際が「反日」を招いた

ここで、韓国が各種のインフラ整備で日本から多大な恩恵を受けていながら、反日感情を持つにいたった原因について挙げてみたい。

一つには戦時中の日本で欠乏していた銅を、一般市民に供出させたが、朝鮮においてそのやり方が強引すぎて、しかもその代償がなかったことが挙げられる。とくに朝鮮では、祭壇の器具がほとんど銅製品であったが、伝統的、民俗的に祖先崇拝が徹底しており、それらを供出することには強い抵抗があった。また日本と違い、スプーンのほかに箸《はし》類までが銅製品であるために、供出によってはなはだしい不便を強《し》いられることになった。

二番目には、出向してきた日本人と現地の朝鮮人との、待遇面における極端な差別である。

朝鮮総督府は、一九一〇年の併合以来、日本の優秀な公職員を招聘《しょうへい》する方法として、「出向手当」という制度を設け、その平均は、俸給額の60%から120%にのぼった。たとえば、総督府は、公務員・教師などの公職には、日本人・朝鮮人の区別なく採用したが、同じ判任官・教師として採用されても、次のような違いがあった。

	俸給	出向手当・在勤加俸	計
日本人	四〇円	二四円（60％）	六四円
朝鮮人	四〇円		四〇円

公立学校の校長は、高等官または勅任官で、次のとおりだった。

日本人	六〇円	三六円（60％）	九六円
朝鮮人	六〇円		六〇円

朝鮮人の校長（勅任官）の俸給が、二〇～三〇年勤務しても総額六〇円であったのに、師範学校を卒業したばかりの日本人教師の初任給が、男女の別なく六四円であった（そのうえ、出向手当・在勤加俸は課税対象からもはずされていた）ことは、著しい不公平感を生んだ。学校長は、毎年一、二回は全校職員を招待してパーティを開くのが通例であったのにもかかわらず、給料の総額が、師範学校出たての新任女教師の初任給をも下回っていたのでは、校長の面子《メンツ》は丸潰れだった。

またこの制度は、日本人の場合、その子も孫も出向手当の特恵があったのにひきかえ、たとえ朝鮮人が日本内地の小・中・師範、大学を卒業して朝鮮に赴任し、同じ公職に就いても、出向手当が出なかった。

金銭報酬の多寡《たか》が価値判断のバロメーターと推し測られる資本主義社会で、このように徹底した支給額の格差が設けられていたことは、当時の朝鮮人差別の実態を証するもので、これについて弁明することはできないだろう。

「内鮮一体」を唱えつつ、一方でこうした格差、差別がいたるところで見られたことが、日本に対する不信感と不平不満を、年を経るにしたがって、増長させていったことはやむをえない。

民族の違いによるこのような差別を烈《はげ》しく非難したのは、富山県高岡市教育委員長の石田貞先生であった。

石田先生は、戦前、朝鮮の教育に従事していて、自分の初任給額が、年輩の学校長（朝鮮人）より多額であったことを非常に心苦しく思い、恥とまで感じていた。そのことを数度、講演で語っている。

また同様に、富山に住む杉山トミ先生（作家）も、戦前大邱《テグ》の学校で教職にあったときに見聞きした種々の不公平を、本にも書かれている。不当な優越感に浸《ひた》る人も少なくなかったが、日本人の中にも心を痛め良心的に考えていた人が、多数いたことを特記しておきたい。

これらは、戦時中のことであったにしても、事前に充分な説明がなく行なわれたことが、三〇余年間を通じて日本に同化していた甲斐《かい》もなく、心理的な離反をもたらしたのであって、残念きわまりないことである。

それでもまだ、日本が戦いに勝っていたら、そうした失策もただちに償われただろうが、負け別れとなれば、被害を受けた側には怨《うら》みだけが残りやすい。

そのうえ、海外から戻ってきた亡命者たちが、問答無用の反日を唱え、ソ連の走狗たち（赤化共産暴徒たち）による過激な宣伝は、純真な市民らを反日に走らせた。一方で関東軍によって締め出された馬匪族集団の一人が、スターリンの権力を背景にして北朝鮮を占領し、住民の生命財産を奪い取っていった。

日本の軍人として戦った韓国人戦犯の悲劇

戦後六〇年、日本は世界の経済大国となった。しかしその繁栄の陰で、朝鮮軍人・軍属が戦争中の行為を問われて〝戦争犯罪人〟になった例も少なくない。

また被爆死した軍人、日本軍人から転じて戦後は朝鮮戦争を指揮して命を散らせた将軍もいる。これら、〝時代の犠牲者〟たちは、不幸なことに歴史の狭間《はざま》で置き去りにされてきた。こうした事実は、日本でも意外に知られていない。

(一)洪思翊《こうしよく》中将

一八九七年十月、李氏朝鮮は、日清戦争での日本の勝利により、鎖国体制の幕を閉じ、清の属国から五〇〇余年ぶりに独立して、「大韓帝国」を誕生させ、初めて独立国家「光武」という年号を使うようになった。

一九〇七年、純宗《じゅんそう》は軍隊の解散を命じたが、一九〇九年九月、韓国軍の中から三六名を選抜し、日本の中央幼年学校に入学させた中に、後の陸軍中将・洪思翊もいた。

その翌年、日韓併合によって、韓国の名は消え、日本に編入されたが、このとき彼らは、対応を協議し、学業は継続して、任官後に出処進退を決めることにし、訓練を続行した。

洪思翊と同期の池青天《ちせいてん》は、一九一九（大正八）年、陸軍中尉の時、姿を消し、上海にあった大韓民国臨時政府に参加し、後に光復軍司令官になった。しかし、洪思翊は亡命せずに、陸軍大学を卒業し、中将まで昇進した。

太平洋戦争が激化する中、洪中将はフィリピンで捕虜収容所の所長の任務に当たっていたことから戦後裁判にかけられ、部下の責任をとって処刑された。

彼は処刑の直前、クリスチャンの片山弘二《かたやまこうじ》氏（牧師）に、旧約聖書の「詩編」第五十一編を開いて読んでほしいと依頼した。

旧約聖書の詩編（全一五〇編）第五十一編は、ダビデが死に臨み、自分のみでなく、敵味方を超えて、多くの人に憐れみを給《たま》わることを神に祈る詩である。

（二）李鍝公《りぐうこう》殿下（李朝王族）

殿下は一九四五年八月六日、広島で乗馬で出勤途中、被爆。同年八月十五日に京城《けいじょう》（ソウル）で最後の陸軍葬が挙行された。

(三) 金錫源《きんしやくげん》将軍

日本の陸軍士官学校を出て将校となった朝鮮出身者は、目覚ましい働きとともに陸士四十五期以降は戦死率が四割以上にのぼり、戦後の六・二五朝鮮動乱を含め、五十・五十二・五十七期にいたっては全員戦死した。

とくに第二十七期の金錫源将軍は、五六回にわたって、第一線で戦闘指揮をとった。日中戦争では山西省の戦いで大隊長（少佐）として連隊の右翼を担当、白兵戦で中国軍を殲《せん》滅《めつ》した勲功によって「金鵄《きんし》勲章・功三級」を授与された。これは朝鮮出身としては最初の勲章であった。

一九四八年、韓国軍が創設されると、第一師団長に就任し、李承晩《イスンマン》大統領に対しても面前で直言したためか予備役に回されたが、一九五〇年六月二十五日、朝鮮戦争が起きると、再び現役に復帰、もっとも重要な首都師団長に就任した（この時の参謀長は後の駐日大使・崔慶禄《さいけいろく》大佐）。

雪崩《なだれ》のように後退する韓国軍を叱咤して陣頭指揮した時の喊声《かんせい》が、「金錫源ここにあり」で、日本刀を振りかざしながら部下を鼓舞しての奮戦ぶりに、マッカーサー司令官から感謝状が与えられた。この奮戦が仁川《インチョン》上陸作戦につながり、金将軍は朝鮮動乱の英雄になった。

付言すれば、洪思翊中将、金錫源将軍とも創氏改名はしていない。これは当時の「創氏改名」が強制ではなく、志願や勧奨であったことを証明する。私たち大正生まれの者も約二割は創氏改名しないまま、官・公吏または会社・銀行などの要職ではなんら差別を感じることがなかった。

差別の問題については南次郎《みなみじろう》総督以来（一九三六年着任）、徐々に改善が見られ、日中戦争を契機に、日朝の区別なく同じ権利を享受することができるようになった。金将軍以下、李享根《りきょうこん》・崔慶禄将軍なども日本の陸士出身である。

韓国民による「義兵運動」

日本軍が去ったあとの朝鮮半島の南北対立の激化と、北による南進動乱の結果として、百万単位にのぼる人口減少と離散家族の発生、および北朝鮮の拉致による厖大《ぼうだい》な行方不明者を招来したことは、すでに述べた（100ページ）が、ひるがえって、三六年にわたる日韓併合時代、日本に対する抵抗運動の実態がどの程度であったかを検証したい。

李朝末期、アジアで覇《は》を競った清・露・日の対決は、一九〇五年の日露戦争の終焉を区切りとして、日本の勝利に終わり、日本は引き続いて、李朝の改革を切に要請した。

清・露の両国は、朝鮮の内政が腐敗しようが、閔妃《びんぴ》の勢道政治が国民を亡ぼそうが、まるで無関心であったから、ひたすら利権を貪《むさぼ》って賄賂を収得することを競い合っていたが、日本の場合は、朝鮮の国家としての自主・独立のための支援に懸命だったため、財政・軍事・司法・内政などの改革を迫り、無償の資金を提供するなどした。が、一向に改革の進まない朝鮮に、日本の絶望感が広がっていった。

こうして強まりつつあった日本の影響力に、朝鮮国内で抵抗する運動は「義兵運動」と呼ばれるが、はっきりした形で現われた最初のものが、金弘集内閣による断髪令（一八九五年）に対する反対運動だった（一八九六年）。

とりわけ保守的思想家たち、儒学者、軍人官吏、一般民衆の中から、とくに李恒老《イハンノ》とその門下生たちは、〝洋・倭排斥〟精神で断髪令に反対。儒教の「殺身成仁」の精神で反旗をひるがえし「義兵」を起こしたが、忠州《チュンジュ》・堤川《チェチョン》の戦闘で敗戦後消滅した。

次の義兵運動は、一九〇五年の乙巳保護条約（日韓保護条約）の締結に対し、一九〇六年二月、閔宗植《ミンジョンシク》・崔益鉉《チェイクヒョン》などが起こしたものだった。閔宗植は各地の有志と結んで蜂起し、五月十九日には洪州を占領したが、五月三十一日に政府軍によって奪還された。

崔益鉉は、ソウルから全国の儒生に排日を訴え、この年の五月に帰郷すると、全羅北道の林炳瓚《イムビョンチャン》とともに、一〇〇余名を集めて蜂起したが、鎮圧され、二人とも捕えられた。

また、日韓保護条約締結（一九〇五年十一月十七日）に反対して、皇城新聞の張志淵《チャンジヨン》社長が〝是日也放声大哭〟と題した社説（一九〇五年十一月二十日）は、悲壮感を極めたものだった。

次いで一九〇七年、ハーグの密使事件による高宗皇帝の譲位と、軍隊解散に憤激した義兵が蜂起し、その勢力は一時は、関東軍（江原道・咸鏡南道一部）六〇〇〇名、関北軍一〇〇名、湖西軍五〇〇名、湖南軍一〇〇名、関西軍一〇〇名と、六八〇〇名に及んだが、鎮圧されて解散した。

一九〇九年十月二十六日には、国際情勢に暗かった安重根が、ハルビン駅で伊藤博文を暗殺し、大韓独立万歳を唱えて、泰然と捕縛された。

このように、当時の義兵の目標は、李朝の再生を願ったものであった。

さらには第一次世界大戦が連合国軍の勝利となり、一九一八年一月、米国大統領ウィルソンは講和条約の基本条件として、一四カ条項の原則を発表した。

その中に、各民族の運命はその民族自らが決定するという、〝民族自決主義〟が入っていた。

これに刺激された上海の呂運亨《ロウニヨン》・金奎植《キムギュシク》と、米国では安昌浩《アンチャンホ》・李承晩などが、沿海州の李東輝《イドンフィ》などと一九一九年一月二十二日、全国規模の運動を展開したが、その概要は以下のようなものだった。

総集会数	一五四二回
参加人数	二〇二万三〇九八名
検挙者数	四万六九四八名
死亡者	七五〇九名
負傷者	一万五九六一名

南北分断後の韓国の騒擾《そうじょう》事件

戦後の一九四八年四月三日、金達三・李昊済など、韓国・南労党（共産党）幹部連は、北の北労党（金日成の共産党）と連絡を取り合い、済州島の漢拏山《ハルラサン》に拠って暴動を起こし、官公署襲撃・殺人・放火・強奪などあらゆる騒乱を展開した。

この四・三暴動は、九連隊・十一連隊と軍隊の中からも加担する者が多く、長引くうちに、麗順《ヨスン》反乱事件に拡大した。

同年十月、ソ連の十月革命を記念して反乱は一気に拡大し、四・三暴動の鎮圧に向かった麗水《ヨス》・順天《スンチョン》地区の十四連隊の一大隊が、反乱軍に加担するという事態にまでなったが、韓国政府は光州《クァンジュ》に戦闘司令部を設置し、宋虎声准将を司令官として艦艇・飛行機を動員した掃蕩作戦を展開し、同月二十五日、麗水・順天を奪還して、作戦を終了させた。この騒乱では、済州島四・三暴動で三万名（推定）、麗順反乱事件で一五万名（推定）の死者を出した。

事件後、南労党出身者らの残党は、北朝鮮に亡命したが、金日成は、アメリカのスパイという罪名で彼らを粛清（皆殺し）した。その数は二〇万余ともいわれている。

酷寒にも負けず、吹雪の舞う山中での生活を厭《いと》わず、ただただ共産主義とその代表である金日成に忠誠を尽くした者どもを、容赦なく虐殺処分した金日成には、哲学・思想などはまったくない。彼が目指していたものは、共産主義でも民主主義・社会主義でもなく、李氏朝鮮のような世襲王国を再建することのみであった。

彼の目的は、一九五〇年、不法南進し、半島で一〇〇〇万人の人命を奪うという行為で如実に示された。彼は、なるべく多数を虐殺することが「愛国」行為であると公然と宣言した。

人民を蠅《はえ》の命と同じに軽く扱い、人殺しを人民のためだとうそぶいた。

したがって多くの人々は、日韓併合時代を振り返り懐かしがった。

祖国を裏切って建国された統一新羅《しらぎ》と李氏朝鮮

歴史的に詳細に観察すれば、韓国・朝鮮には、愛国心という概念は存在しない。あるのは、破壊と抵抗心に燃えた、後先《あとさき》を見ない暴力行為であり、二〇〇〇年の歴史は、反逆者たちの支配によって衰亡に導かれた歴史にすぎない。これを美辞麗句でごまかした儒教・朱子学系の歪曲史観が幅を利《き》かせているのが現実である。

反逆者たちの支配の第一期は、西暦六六〇年、当時、文化・産業・芸術あらゆる面で最高級のレベルに達していた百済を、新羅の金春秋《きんしゅんじゅう》が、敵国である唐と連繫して亡ぼしたことに始まる。彼は六六八年には、アジアの強大国であった高句麗をも再び敵国の唐と結んで亡ぼし、中国東北部の広大な故国の領土を放棄して敵国の唐に献上し、そうすることによって唐の属国、大唐国新羅郡の地方長官に収まった。歴史はこれを「統一新羅」と呼んでいる。

その第二期、一三九二年、失われた高句麗の領土を回復する理想を抱いて建国され、自主独立・民主的体制を築き上げた高麗国の右軍司令官・李成桂が、関東州の遼東半島の奪回を目指して明に進攻しながら、敵の朱元璋《しゅげんしょう》と内応して鴨緑江の威化島から軍を引き返し、逆に当時の首相兼参謀総長と三十二代の禑王を殺して、李氏朝鮮を打ち建て、明の属国となった。

以来、五一八年、朝鮮の自主独立が失われ、国民が塗炭の苦しみを味わったことは、繰り返し述べてきたところである。

李光洙《りこうしゅ》が挙げた朝鮮民族衰退の原因

この国の最高の作家であり、国を愛した李光洙は、一九二一年「民族改造論」を発表した。これは、李朝五〇〇年余によって堕落した民族を復活させる方策を述べた論文であった。

彼はこの中で、われわれの民族性を改造しなければ、この国の自主独立は不可能であることを主張した。だが、この貴重な提言も顧られることなく、彼の名は「親日派」の汚名をもって語られていることは痛恨のきわみであり、そのことが、まさにいま、この国が潰れようとしている原因でもある。

李光洙は一九一八（大正七）年、早稲田大学哲学科在学中に、第一次大戦の休戦や、ウィルソン米大統領の民族自決論を聞いて、朝鮮の独立に賭ける決心をし、朝鮮に帰った。そしてソウル市桂洞の中央学校教師・玄相允、普成中学の校長・崔麟《チェイン》を訪ね、民族宗教である天道教の教主・孫秉熙《ソンビョンヒ》を動かして、運動を開始、二・八独立宣言書を起草し、三・一万歳事件を主導した（一九一九年三月一日）。

その後、三月下旬、李光洙は上海に赴き、臨時政府の組織運動に参加。上海の〝大韓民国臨時政府〟組織に全力投球した。

彼はその間に日本と朝鮮を比較して、前記の「民族改造論」を著わし、独立の「必須条件」を示した。

李光洙は、民族の衰退原因として、次の点を挙げた。

一、虚言と騙し　韓国人の間では、嘘と騙しのために相互に信じられず、「外国人は信用していても、韓国人を信用しない」奇妙な現象がある。
二、空想と空論　韓国人は美辞麗句を連ねるが、実行が伴わない。他人の行動や話の揚げ足をとり、問題点を探すだけで空論に陥ることが多い。
三、表裏不同　人の前ではへつらい、背後では批判し、悪口を言う。恥知らずの態度だ。
四、怯懦《きょうだ》（臆病）、卑屈　物事に怖じけ恐れる、臆病である。他人のことを気にし、決断する意志が弱い。
五、利己主義（非社会的）　社会的公益には無関心だが、自己と家族、私党のためには極端なまでに利己的となる。……以下略。

李光洙は、この国で史上稀《まれ》な賢明すぎるほどの洞察力と、強い実行力、そして愛国心を伴った賢人であったが、終戦後は、「反民族行為処罰法」により裁判に付された後、朝鮮戦争で不法南侵した北朝鮮に拉致され、そこで最期を遂げた。

同様に、独立協会を創立し（一八九六年）、李朝末期の最高の愛国者で名筆家だった李完用（併合当時の総理大臣）も、反民族の国賊として、戦後、剖棺斬屍《ブグアンチャムシ》（死者の墓を暴き、さらに辱《はずかし》めを与える刑罰）に処された。

この国でいうところの〝愛国〟の概念は、常識ではかれない。

文禄・慶長の役（壬辰倭乱）で、最高の勲功を立て、その戦術は戦前の日本の海軍兵学校においても亀鑑《きかん》と仰がれた李舜臣将軍は、勲章の代わりに、讒言《ざんげん》により逆賊とされて、一度は死刑の宣告さえ受けた。李舜臣は、最後までその理由も知らされることなく、白衣従軍のまま戦死した。

このように、本来の愛国と反逆が、逆に見なされる例が極端に多いのは、前述したように、民族の反逆者が最高権力を握り、歴史を勝手に歪曲してきたからである。

忘恩の国民に、はたして将来はあるのか

李朝は五一八年の間、道路も作らない、河川には橋も架けないという政権だった。道路もないところで、経済活動が成立するはずもなかった。

ところが、大韓民国教育人的資源部（旧文部省）が発行した、中学校用の国史教科書（二〇〇二年三月一日発行）は、建設事業と経済構築に力を注いだ日本の施策をまったく評価することなく、反日一色の歪曲史を感情的に記すばかりである。

「日本は我が国の近代化のための事業という名分で、道路・水道施設を完備し、銀行・学校・病院などを設立した（もちろん鉄道も含まれる）。このような施設は、我が国に来ている日本人のためのものでありながら、これに要した施設費は、我が政府が日本政府からの借款による負担であることを強要したために、多くの借金を負うことになった」（248ページ、「一九〇七年国債報償運動」）

右のようなつくり文句は、評する価値さえない。台湾を参考にすることさえ、知らない。

同じく教育人的資源部発行の高校用の国史教科書（358ページ、「鉄道に執着した日本」）は、こう記す。

「列強の経済的侵奪の中で、日本は鉄道に執着した。鉄道は人的・物的資源を大量運送できる陸上運送手段である。大陸侵略を意図した日本は、日本軍の輸送と朝鮮の米を日本に運ぶために鉄道に注目した」

教科書では、国と民間人たちが享受した鉄道による経済発展と生活の向上については、まったく言及がなく、日本憎しの一点に集中している。

また、ロシア・清とが、朝鮮の利権を得ても、朝鮮のためになることは、何一つしなかったことには、なんら触れることがない。

歴史教科書は、現在の韓国を映す鏡

ここで最後に、現行の韓国歴史教科書が記す植民地統治についての内容に再度反論を試みる形で、本書の総括をしてみたい（引用はすべて『高校国史』教育人的資源部編）。

(1) 純宗が即位した直後、日帝は韓国に日韓新協約を強制的に締結させ、韓国政府の各省に日本人次官を置いて内政に干渉し、軍隊を解散させて、実質的に韓国を支配しはじめた。

日帝は全国的義兵の抵抗を武力で鎮圧し、司法権と警察権を奪って、しまいには大韓帝国の国権までも強奪した（一九一〇）。

(2) 国権を強奪した日帝は、植民統治の中枢機関として朝鮮総督府を設置し、強力な憲兵警察統治を実施して言論・集会・出版・結社の自由を剝奪《はくだつ》し、独立運動を抹殺しようとした。

朝鮮総督は、日本軍現役大将の中から任命され、日本国王（天皇）に直属して、立法・司法・行政権、および軍隊統帥権《とうすいけん》まで掌握した。総督府の官吏はほとんど日本人で占められ、諮問《しもん》機関である中枢院を設置して、親日派韓国人を政治に参与させる形式をとったが、これは韓国人を懐柔するための術策にすぎなかった。

(3)　日帝は二万余名の憲兵警察と憲兵補助員を全国に配置して、武断植民統治を施行した。

憲兵警察の主な業務は、警察の任務を代行し、独立運動家を索出して処断することであった。彼らには即決処分権があって、我が民族に笞《ち》刑を加え、裁判もなく我が民族を拘留したりした。

このために数万名の人たちが、救国運動の中で投獄される受難に遭遇した。

(4)　三・一運動以後、日帝はいわゆる文化統治を標榜したが、これは苛酷な植民統治を隠蔽《いんぺい》するための邪悪な統治方式にすぎなかった。

我が国で、日帝が放逐《ほうちく》されるまで、ただ一人として文官の総督が就任したことはなく、警察制も憲兵警察制となって、より強化された。

逆に日帝は文化統治を通じて、少数の親日分子を育成し、我が民族を分裂させて、民族の近代意識の成長を誤導し、初級の学問と技術教育だけを許容して、日帝の植民地支配に役立つ人間を養成しようとした。

(5) 一九三〇年代、日帝は大陸侵略を本格化していく中で、韓半島を大陸侵略の兵站《へいたん》基地にし、続いて一九四〇年代には、太平洋戦争を準備するために植民地からの収奪をより強化した。

日帝は我が民族の文化と伝統を完全に抹殺しようとの政策を施行し、人的・物的資源の収奪に狂奔した。

(6) 日帝は内鮮一体・日鮮同祖論・皇国臣民化などを掲げて、我が言語と国文の使用を禁止し、我が歴史を学ばせなかった。

また、皇国臣民としての誓詞暗誦・宮城遙拝・神社参拝はもちろん、姓氏と名前まで日本式に改めて使うことを強要した。

(7)　特に日帝は強制徴用で労働力を搾取した。徴兵制度を実施して多数の朝鮮の若い青年たちを戦場の弾丸よけに向ける一方、若い女性たちを挺身隊《ていしんたい》という名のもとに強制動員して軍需工場などで酷使し、その一部は戦線に連れていき、日本軍慰安婦にするなどの蛮行を犯した。

敗戦後は、琉球・中国・海南島などの地で、韓国人を大量虐殺もした。

これまで述べてきたこととの重複もあるが、これらの記述についてコメントを加えるならば、次のようになる。

(1)　伊藤博文と李完用は、全七条からなる原文を、修正することなく、一九〇七年七月二十四日、日韓新協約として締結し、それを受けて日本は統監府を設置、内政監督権を掌握し、同八月一日には韓国の軍隊を解散させた。それは事実である。

明治維新後、日本は政治・経済・社会全般において、近代化を実現し、西欧と肩を並べるべく日夜全力を尽くして一等国家を築き上げた。

反面、朝鮮は五一八年間、儒教・朱子学に心酔したままで腐敗しきっており、近代国家の建設には、各界にわたって経験ある専門家を養成し、海外留学を奨励する必要があるにもかかわらず、それらのことを一切行なわず、多くの官僚が売官買職に奔走するありさまだった。

こんな状態であるから国家や政府としての役割も果たせるわけもなく、政治、社会の腐敗・紊乱《びんらん》によって李氏朝鮮は瀕死の状況に陥っていた。学問といえば唯一、相も変わらず朱子学であり、朱子学以外の学問は、誅殺《ちゅうさつ》の対象でしかなかったから、近代的学問の精神が芽生えるはずもなかった。

そんな中にあって、李完用は、育英公院で英語を学び、駐米外交官の経験も積んだ新進気鋭の高官（内閣総理大臣）であったから、朝鮮に何が必要かがよくわかっていた。そこで近代化に成功した日本の協力を得て、法治国家にふさわしい司法権・警察・内政・外交などを立て直そうとしたのである。それが、この日韓新協約の趣旨であった。

(2)　国家たるものは、その前提として政治・経済が整備されていなければならない。また、経済は道徳と勤労によって成立するものであって、不労所得者が幅を利《き》かす社会は、健全な姿とはいえない。当時の朝鮮は国家の体《てい》を成しておらず、すでに朽ちはてた形骸にすぎなかった。

併合当時の朝鮮は、両班が百姓に対して生殺与奪の権利を持ち、生産の重大な要素である労働を極度に蔑視し、それでいて労働の成果である庶民の生産物を勝手に消費するという歪《ゆが》んだ構造が、それまであまりにも長く続いていて、総督府がこれを打開するためには、かなり急進的な改革が必要とされた。

そのため、総督には現役の大将を任命し、立法・司法・行政権から軍隊統帥権まで掌握し、紊乱状態にあった社会構造を、日本と同じ制度に接近させようと強力な統治を実施した。このことが、一部の階層から反発を招いたことは事実である。だが当時の状況からすれば、これ以外に方策はなかったであろう。

また、「親日派」云々は感情的表現にすぎず、「知日派」と言い換えるべきである。

(3)「独立運動家を索出して処断」とあるが、そもそも李氏朝鮮は建国以来、独立国であったことはなかった。であるから、日本の統治を受けたからといって、突然「独立」を言いだすのもおかしな話である。李氏朝鮮は、「明」の属国に成り下がり、重要な国事はすべて「明」の決裁を仰ぐ隷属国にすぎなかった。

たとえ最高権力者であった「興宣大院君《こうせんだいいんくん》」（国王・高宗の父君）でも、壬午《じんご》軍乱の時、清《しん》の李鴻章《りこうしょう》により保定府《ほていふ》に拉致連行され、三年間軟禁されているぐらいである（一八八二〜八五年）。

したがって、当時の「独立」運動とは、李王朝への回帰を願った保守派の反動にすぎない。それが、救国運動という美名のもとに記録されているのであって、実態は愛国にほど遠いものであった。

(4) 総督が現役の将軍（武官）であろうと、文官であろうと、要は腐敗、堕落を排撃して、勤労精神を国民（住民）に植えつけることが重要であって、その点で日本統治の功績を否定することはできない。

また、「親日分子」云々は、とんでもない言いがかりである。韓国・朝鮮はありもしない「親日派」を規定して、これを弾劾することを好むが、朝鮮人民のための真の友人が誰かを分別することが重要だ。

三国時代と高麗の時代を除いて、朝鮮民族を千年にわたって奴隷化した中国は（特に李氏朝鮮の五〇〇余年間は、国王までも彼らの臣下と見なして隷属させた）、日本軍によって、ようやく朝鮮から手を引いた。

話は飛ぶが、一九五〇年、六・二五韓国戦乱（朝鮮戦争）が起こると、中国は侵略者の金日成を援助して、韓国に莫大な数の人民の犠牲を生ぜしめ、反撃した国連軍と韓国軍が、同年十一月二十一日、北朝鮮全土を占領し、宿願の南北統一を目前に控えた矢先、またもや中国共産軍は、約一五〇万を動員した人海戦術で金日成北韓軍を助けた。そのため民族の統一は挫折した。

われわれ韓民族の悠久の敵は中国であることを、韓国人は胆に銘じなければならない。日本・アメリカは、われわれの盟友であり師と仰ぐべき存在である。誰が敵で、誰が味方かを間違えるほど愚かなことはない。

(5)　一面的・即断的で悪意に充《み》ちた批評にすぎず、まったく事実を反映していない。よって反論の必要を感じない。

(6) 同様に悪意に充ちた記述である。内鮮一体・日鮮同祖論・皇国臣民化などの政策は、当時としては間違っていなかったと考える。

(7) 徴用されたのは内地の日本人も同様であり、朝鮮人＝日本人であった時代のことであれば、おかしくもなんともない。まして徴兵制度についてをや――。さらにこの表現からは、徴用を「強制連行」と言い換える、特に北朝鮮から聞こえてくる主張に同調して、北を支援したい意図が透けて見える。

歴史が教える亡国の典型的パターン

韓国・朝鮮の現状は、愛国とか民族という言葉が空しく行きかうばかりだ。左右の両陣営は、権力闘争に終始するだけで、国民を守るという観念は微塵《みじん》たりとも見られない。国民に対する礼儀も義理もない「左翼政権」の金・盧《ノ》両政府は、拉致被害者家族の実情を、まったく無視している。

朝鮮戦争以降の拉致被害者は一四万二九五三名と公表されているが、身内が拉致されていながらその中に名前が見つからない家族の訴えには、まったく聞く耳を持たず、調べようともしない。

私は以前から、拉致された人数が一〇〇万を超すとみられる理由を発表している。日本が、拉致被害者と、その家族を保護している現実を参考にするでもなく、北朝鮮の指令に同調しながら拉致については黙殺一点張り、日本に対しては反日一点張り、拉致被害者とその家族を敵と見なしているのが現政権であり、彼らは人民を奴隷にし、餓死させている政権を尊敬する。

そして悪の北朝鮮を守るために民族主義を唱える一方、歴史の歪曲で北朝鮮を擁護し、空想と空理空論で徹底した反日・反米教育に熱中している。

一九〇五年頃の朝鮮は、今の北朝鮮とまったく同じく、枯死状態の餓死国であった。必要なものは衣食住であって、けっして、テロではなかった。この状況を救済したのは、日本の統監府、総督府であって、両班ではなかった史実を銘記すべきである。

法治国家の主権は国民にあるが、人治国家の主権は統治権者である大統領か元首にある。

韓国では〝帝王的大統領〟と称される所以《ゆえん》である。この国の歴史上、最大・最高の国難と亡国の運命は、この絶対権力を持った元首が、敵国と内応し、国民と国家・財宝を主敵に提供し、徹底した嘘と騙しで敵の傘下に安住することに始まる。

前述した西暦六六〇年の百済の滅亡と、六六八年の高句麗の滅亡は、韓国にとって歴史上第一回の受難であり、金春秋（統一新羅の太宗武烈《ぶれつ》王）の売国的行為によるものであった。

第二の叛逆は、一三九二年、世界に誇るべき文化的民主的祖国・高麗を亡ぼし、主敵の属国になり下がった太祖・李成桂によってなされた。

第三の国難は、第二次大戦の終戦時におけるスターリンの走狗《そうく》たちの北朝鮮占領で、百万人単位の虐殺者と、餓死者を出し、一〇〇〇万の離散家族を発生させたことである。

その政権に阿諛追従《あゆついしょう》し、太陽政策という美辞麗句で、主敵に大量殺人・核武装の資金と情報を提供して、反米・反日を内面から教育、使嗾《しそう》する、金・盧政権は第四の国難とも言えようか。

この民族が蘇生可能か否かは、今後の日本・アメリカの出方にかかっている。

国家元首たる者に、憲法違反・国家保安法違反があれば、検察と野党は当然、弾劾訴追することが法治国家としての使命であるはずだが、両方とも、不正の絶対権力に抗することなく、沈黙しているうちに、国は亡び、山河だけが残る。この暴力に対抗しているのは、アメリカ駐留軍と国軍だけである。

昔からこの国は、三〇〇〇名の群衆が団結すれば政権を取れるといわれている。これが北朝鮮工作の細胞が幅を利かせる理由でもある。北朝鮮の現状は、二〇〇〇名の核心部隊が組織力を持って、二〇〇〇万人民の生殺与奪権を握った、〝ならず者の集団〟である。それをいま、韓国にも応用しようとしている。

歴史を直視せず、やみくもに「反日」を叫ぶ韓国の実状は、北朝鮮の思うツボであることに気づかないのであろうか。

終章　韓国に新たな国難が迫り来る

ソウル遷都の意味するところは何か

やや唐突に思われるかもしれないが、本書の最後に、現在韓国の世論を騒がせている遷都の問題について触れておきたい。

まず、その前提として、次のような事実を示すことにしよう。

盧武鉉《ノムヒョン》大統領は二〇〇四年七月三十日、北朝鮮が南派した「スパイ」と、パルチザン遊撃隊出身者たちを、民主化運動に貢献したと評価して、青瓦台（大統領府）の調査官に採用し、彼らに軍司令官、陸・海軍の将官たちの行動を調査するように命じた。その際、盧大統領は「過去の公権力の不法、不当な行使によって発生した人権の侵害行為を調査することが重要である」と語った（七月三十一日付、各紙朝刊）。

つまり、過去に国家転覆のためにスパイ罪に問われたり、北のパルチザン遊撃隊に加担し重刑に処された犯人たちを、民主化に貢献したと評価し、逆にこの「スパイ」遊撃隊出身者に、彼らを刑に処した裁判官や軍の法務官の不法・不当を調べ上げるように命じたのである。既成官僚を信用しないどころか追放し、北朝鮮の金政権に阿諛《あゆ》追従《ついしょう》したおぞましい行為というほかはない。

現在の青瓦台は、「漢字世代」とは正反対の、北朝鮮の現政権を仰慕してやまない「ハングル世代」の三〇、四〇歳代のグループが盧大統領を囲んで、陰に陽に「大韓民国」を衰退させる方向に精力を傾注し、資金を投下するように仕向けているというのが現状である。この傾向は一九九八年の金大中政権の誕生から続いている。

二〇〇二年の大統領選で、盧武鉉氏は、「私が大統領に当選したら、都を忠清南・北道に遷す」と公約した。そのため忠清南・北道の住民は、自分たちの故郷の地価が上昇することを期待して、盧武鉉氏に集中的に投票した結果、彼が大統領に当選できたことは、周知の事実である。

その遷都計画は、首都移転予定地が「燕岐・公州」に決定し、ソウル特別市長と、京畿道知事が猛反対し、全国民の70％以上が遷都反対の意見を表明しているにもかかわらず、にわかに現実味をおびてきた。

高句麗《こうくり》も百済《くだら》も、遷都して滅亡した

遷都も歴史を顧慮しつつ実行に移すべきであって、選挙公約だからといって強行する姿勢はいただけない。ニュースによると「燕岐・公州」の当該地域の地価は、さっそく平均で二、三倍高騰したとのことだが、歴史的に見れば、南方に遷都した国家は、滅亡の運命を辿《たど》っているという事実を軽視すべきではない。

たとえば三国時代の高句麗《こうくり》は西暦三年、扶余から国内城（丸都）に遷都し、その後の戦いでもつねに「連戦連勝」していたが、四七二年、国内城から南方の平壌に遷都すると、六六八年、新羅・唐連合軍によって平壌は攻め落とされ、高句麗は滅亡した。

歴史にイフはないというが、もしも四七二年に、高句麗が国内城から今の北京またはその付近に遷都していたら、黄河・揚子江の枢要部を支配下に置き、現在にいたるまで一〇億余の人口を抱えることができただろうとの推測も可能である。

また百済《くだら》の遷都の歴史は、現韓国の状況と共通する点が多い。

四七五年、高句麗の長寿王は百済に侵攻し、百済の都・漢城（現ソウル）を攻略、百済王・二十一代蓋鹵《ケロ》王を殺害した。その結果、百済は漢城を捨て、都を南方の熊津《ゆうしん》（現公州）に遷都した。

北方で敵が虎視眈々と南を狙っているとき、ソウルを捨てて南へ、南へと遷都することが、主敵に国家の弱体化を曝《さら》し、己れの首を締める行為であることは、明白であった。

百済の聖明王十六年には、さらに南の天然の要塞でもあった錦江（白馬江）の落花岩を背景に要塞化した泗批《サビ》・扶余に遷都したが、六六〇年「新羅・唐連合軍」の不意討ちで、陥落し、七〇〇年の文化と芸術の国「百済」は滅亡した。

なぜ企業が、この国を離れようとしているのか

以上のように、歴史上、北方に主敵がいるときの南方への遷都が、自ら亡国を招来することは、百済の公州、扶余への遷都の例で証明済みである。

千数百年を経て、現在また盧武鉉政権が、ソウルを放棄して奇しくも百済と同じ「燕岐・公州」に遷都しようとしている。その理由については「人口過密」を解決するためだと強調するばかりで、目的をいまひとつ明らかにすることなく、逆に「反対論は大統領退陣運動だ」と強い言葉で反撃する始末だ。

一方、盧大統領が任命した金安済《キムアンゼ》新行政首都建設推進委員長は、「もしも、南北間に戦争が起きて『平沢』あたりで休戦すれば、人口の50％、国力の70％以上が、失われてしまう」から、「あらかじめ、平沢以南の燕岐・公州に遷したほうが賢明だ」と、この国の「外交・安保」の中枢である「外交部（外務省）」職員たちの集まりの場で宣言した。

彼は続いて「統一後、北朝鮮から、五〇〇万もの人たちがソウルに来れば、どうするか」と言い、ソウルの人口を減らして、北朝鮮の住民たちを迎える準備をするかのような

説明をしたようだが、このような嘘の宣伝は市民の納得を得られないばかりか、反感の種になっている。

企業がこの国を離れ、一般人・学生たちが外国への留学を希望するのは、金大中・盧武鉉大統領になって、北朝鮮と緊密になり、工作員たちを受け入れるような親北政策が、やがてこの国を滅ぼすのではないかとの懸念を生じさせているからである。

反米運動を盛り上げ、米軍をソウル以北から撤退させることに成功した現政権は、「燕岐・公州」に遷都して、瀕死に喘《あえ》ぐ北の金正日政権に「ソウル市民」とその財産を明け渡そうとしているのではないかという疑念は捨てきれない。

金日成に忠誠を尽くした者たちの末路

北朝鮮の金日成政権はスターリンを崇《あが》めてはいるが、スターリンはレーニンの死後、同志であったトロツキー、ジノヴィエフ、ブハーリンなどを粛清し、共産党中央委員六〇〇名のうち、五名ほどを残して全員粛清した。粛清とは虐殺の言い換えであり、多数を殺すことを美化して言い換えた言葉だ。彼らの革命・改革とは、虐殺にほかならない。

北朝鮮の金日成が、一九五〇年六月二十五日、不意に南進して、朝鮮戦争を引き起こし、三〇〇万人以上を虐殺し、一〇〇万人以上を拉致したことは前にも記した。戦後は、金日成に命懸けで忠誠を尽くした「南朝鮮労働党」の幹部を真っ先に粛清し、共産党書記長の朴憲永と李康国（京城帝大・ベルリン大出）、李承燁、および著名な詩人、林和《イムファ》・薛《ソル》貞植《ジョンシク》・趙一鳴《ジョイルミョン》・朴承源《バクソンウォン》などの文化人たちを、スパイ容疑で死刑に処すると同時に全財産を没収した（一九五三年八月八日付「労働新聞」）。

次いで、彼に忠実であった、二〇万名の労働党員（共産党の後身）と、零下三〇度の極寒のなか、智異山と小白山脈の奥で遊撃戦を戦った戦士たちを北朝鮮に呼んで殲滅《せんめつ》させた。

歴史を無視すれば歴史に処断されるのが歴史の真実である。いくら金正日にこびへつらい、金品を贈り、首都を遷してまで、北朝鮮軍の侵攻のために道を開こうとも、「統一」のあかつきには、最初の粛清対象が自分たちであることを悟るべきであろう。

遷都計画の真相は、主として「三・八・六世代」（すなわち六〇年代生まれで、八〇年代に大学生だった三〇歳代のこと）の彼らが、既成の「漢字世代」を排除し、金大中・盧武鉉を担いで米軍を撤退させたあと、ソウルの防備を解体し、金正日に、現ソウルと、国民の生命・財産を賄賂として提供しようとするもくろみの第一歩であると解釈するのが、もっとも妥当だと考える。

大統領たちの犯罪行為

現代国家には厳然とした国法がある。法の前では万人平等で、その国法を遵守することが、国民の義務であるはずだが、韓国の現状は国法を違反して、法網に掛かった前科者が大統領になるのが通例だ。李光洙が第一項目で指摘した（172ページ）、虚言、騙すことが上手でないと、人気があっても大統領には当選しないのが、実状といえよう。

Kという前大統領は、元来、共産主義者で、死刑宣告の前科もあり、北朝鮮の金日成政権と密着し、骨の髄から北朝鮮の金政権支持者であることは周知の事実である。その彼が、にわかに「中道右派」だと虚言を吐くと、騙されることを好む朝鮮住民の多数が、たちまち彼に投票した。

韓国の大統領は、法を無視してもかまわないほど、専制的大権力を持っているから、その権力で、従来の死刑囚や、北朝鮮のスパイ、日本人拉致犯の辛　某《なにがし》までも釈放して北に帰し、すでに潰れかけていた北朝鮮よりの全教組（教職員組合）には、数十億ウォンの大金を支援して再興させ、国定教科書も書き直させて、親北朝鮮政策に向かわせ、放送局の支配層は全員、親北朝鮮寄りに人員整理した。

こうして反米を国策とする態勢が整った。

国民全体は依然として親米に変わりはないが、社会的経験も浅い若い青少年を唆《そそのか》して「金正日も同じ民族だから、民族主義で団結して他民族のアメリカ・日本に反対しよう」と教えれば、青少年は、ローソクを持って反米デモを繰り返す。

K大統領の虚言と騙しは、的中した。次の現大統領も、北の指令を無視しない親北政権であることは定評のあるところだ。

韓国が今日の経済大国になれたのも、国家の生存と自由を守ることができたのも、日本・アメリカの援助があったからこそで、日本の力に与《あず》かったという恩には蓋をして、仇敵である北朝鮮の金正日政権の指令を、韓国大統領が仰ぐ姿には言葉もない。

李朝の創始者が祖国を裏切って敵国であった「明」に臣従し、国を奪った史実を思い起こさせる。

国に法はあっても法を守るのは百姓のみであり、法によって選出された大統領は、憲法・国家保安法は守らないでもよいと公言し、主敵の首魁である金正日に国家の貴重な財産から一五億ドル以上を秘密送金して、大量破壊兵器・核兵器を造るのに力を貸している。その力を韓国を潰すことに使うべく、反国家反逆行為を臆面もなく行使し、内心では反米・反日の北朝鮮に追従している。

通常、このような違法行為をした者は、国家保安法によって死刑に処されて当然であるが、特別検察が設置されても、尋問《じんもん》されることもなく、堂々と記者会見に現われ、前大統領としてふるまっている。韓国を滅亡させようと虎視眈々《こしたんたん》と狙っている敵の首魁には大金を送りながら、北に拉致された被害者とその家族を、徹底的に軽蔑し、相手にもしないのがこの国の大統領だ。

不正腐敗のなかった併合時代を直視せよ

夫を北に拉致された家族の悲しみは言いようがない。それも、夫を失うことに加えて「連座制」によって、残された家族までが北の共産匪賊（パルカンイ）と見なされ、差別の対象とされるとあってはまったく救われない。たとえば北朝鮮に拉致され、強制収容所で殺された当人はもちろん、家族も同様に「パルカンイ」に指定され、その子どもたちは「パルカンイの子」とレッテルを貼られる。そうなると就職も事実上不可能となり、その結果自殺を考える者も多い。

これが、戦後六〇年の韓国という国家の知られざる真の姿である。

ソウル鐘路区、某ビルの七階にある国家人権委員会。「愛する拉致被害者たち！　今日でもなつかしく恋しい家族のいる懐《ふところ》に帰ってくれ」というスローガンが張ってある事務室の扉を開けると、北朝鮮に夫と子供を拉致された老いた婦人七名と、「被拉致者家族の集まり」の崔誠龍《チェツンヨン》（五一歳）代表など、十一名がハンスト（断食）実行中であった。三日が経過していて、かなり衰弱した気配を見せていた。

さる一九七二年、「五大洋号」拉致事件で夫を失った金敬順（七五歳・京畿道水原市）氏は、これまで、二人の子どもを養育するのに全力を尽くしてきた。

「夫が北に拉致されて以来、三十年間、子供の養育と教育のために、どんな仕事でも厭《いと》わず、辛い労働も我慢し、夫の帰りを期待しながら死に物狂いで働いてきた」

ところが政府は、支援するどころか、家族を苦しめるばかりで、北からのスパイを捕らえれば、刑事たちが家に訪ねては、家族を尋問したり、引越しの場合は、必ず申告するようにと、怒鳴るばかりで、完全な敵性人として取り扱われてきたという。

成長した子どもたちの就職でも政府の妨害にあい、すでに就職した子の進級も昇格も止められ、つねに容疑者扱いをされてきたとのことだった。政府の冷淡きわまりない対応を、拉致被害者家族たちは口々に語った。

家族たちは、日本の拉致被害者の家族と、その家族に対する日本政府の姿勢に改めて敬意を表しながら、その矛先《ほこさき》を自国の政府に向ける。このような異常な政治集団が、この地球上に存在するということ自体が、とうてい受け入れられることではなく、人類の不幸という以外に言葉がない。

政治家たちは、口では偉そうなもっともらしいことを繰り返すが、空理空論にすぎないばかりか、嘘と騙しを除けば、何も残らない抜けがらである。

そのために私は、昨年は『日韓併合の真実』（ビジネス社）を書き、今回また本書を書いたのである。併合時代には、若干の差別はあったものの、嘘も騙しも空理空論も、また、不正腐敗も許されなかった。

この民族にとっては、日韓併合時代を再検証すべきではないか。正常な歴史をいつまでも顧みなければ、歴史から処断されるということを銘記すべきだ。

★「朝鮮における日本統治」関連年表

1876（明治9）	「日朝修好条規」締結
1884（明治17）	金玉均《きんぎょくきん》ら開化派による甲申《こうしん》政変起こるも失敗
1894（明治27）	東学党の乱勃発。日清両国が出兵し、日清戦争へ
1895（明治28）	日本による閔妃暗殺。
	金弘集《きんこうしゅう》による断髪令発令。反発する民衆による義兵運動へ
1897（明治30）	高宗《こうそう》、国号を「大韓帝国」と改め、王を皇帝と称する
1900（明治33）	ソウル・仁川《インチョン》間に朝鮮最初の鉄道開通（京仁線）
1901（明治34）	ソウルに電灯の供給開始
1904（明治37）	財政顧問として目《め》賀《が》田《た》種《たね》太《た》郎《ろう》が赴任。経済近代化に着手
1905（明治38）	ソウル・釜山《プサン》間に鉄道開通（京釜線）
1905（明治38）	「日韓保護条約」締結
1906（明治39）	韓国統監府を設置（統監・伊藤博文）、「普通学校令」公布
1907（明治40）	ハーグ密使事件。「日韓新協約」締結

1908（明治41）	軍隊解散、義兵運動の気運高まる
1909（明治42）	伊藤博文、安重根にハルビン駅で暗殺される
1910（明治43）	「韓国併合に関する条約」締結（8月22日）、総督府設置。憲兵警察制度発足
1911（明治44）	朝鮮教育令公布
1912（大正元）	朝鮮土地調査令公布
1918（大正7）	朝鮮における土地調査事業終わる
1919（大正8）	朝鮮三・一独立万歳事件。斎藤《さいとう》実《まこと》総督着任、「文化統治」へ
1920（大正9）	産米増殖計画はじまる
1924（大正13）	京城帝国大学開校
1926（大正15）	李《り》完用《かんよう》死去
1927（昭和2）	野口《のぐち》遵《したがう》が朝鮮窒素肥料株式会社設立
1930（昭和5）	朝鮮窒素の興南窒素肥料工場が操業開始
1930（昭和5）	朝鮮窒素、赴戦江《プチョンガン》に当時東洋一のダム建設（五〇万キロワットの発電力）
1936（昭和11）	南総督着任。内鮮一体化を推進、満鮮拓殖会社設立
1939（昭和14）	国民徴用令に基づき、朝鮮でも徴用開始

1940（昭和15）	創氏改名を実施
1943（昭和18）	朝鮮人学徒兵動員で、徴兵制を施行
1945（昭和20）	日本の降伏で、朝鮮統治終了
1950（昭和25）	北朝鮮による南進（6月25日）、朝鮮戦争勃発

（この作品『歴史再検証　日韓併合』は、平成十六年九月、
小社ノン・ブックから四六判で刊行されたものです）

一〇〇字書評

切り取り線

購買動機（新聞、雑誌名を記入するか、あるいは○をつけてください）	
□（　　　　　　）の広告を見て	
□（　　　　　　）の書評を見て	
□ 知人のすすめで	□ タイトルに惹かれて
□ カバーがよかったから	□ 内容が面白そうだから
□ 好きな作家だから	□ 好きな分野の本だから

●最近、最も感銘を受けた作品名をお書きください

●あなたのお好きな作家名をお書きください

●その他、ご要望がありましたらお書きください

住所	〒				
氏名		職業		年齢	
新刊情報等のパソコンメール配信を 希望する・しない		Eメール	※携帯には配信できません		

あなたにお願い

この本の感想を、編集部までお寄せいただけたらありがたく存じます。今後の企画の参考にさせていただきます。Eメールでも結構です。

いただいた「一〇〇字書評」は、新聞・雑誌等に紹介させていただくことがあります。その場合はお礼として特製図書カードを差し上げます。

前ページの原稿用紙に書評をお書きの上、切り取り、左記までお送り下さい。宛先の住所は不要です。

なお、ご記入いただいたお名前、ご住所等は、書評紹介の事前了解、謝礼のお届けのためだけに利用し、そのほかの目的のために利用することはありません。

〒一〇一 - 八七〇一
祥伝社黄金文庫編集長　萩原貞臣
☎〇三（三二六五）二〇八四
ohgon@shodensha.co.jp

祥伝社ホームページの「ブックレビュー」からも、書けるようになりました。
http://www.shodensha.co.jp/bookreview/

祥伝社黄金文庫

歴《れき》史《し》再《さい》検証《けんしょう》　日《にっ》韓《かん》併《へい》合《ごう》
韓民族《かんみんぞく》を救《すく》った「日帝《にってい》36年《ねん》」の真実《しんじつ》

平成19年　7月30日　初版第1刷発行
令和 元 年 12月20日　　　第10刷発行

著　者　崔《チエ》　基《ケイ》鎬《ホ》

発行者　辻 浩明

発行所　祥伝社《しょうでんしゃ》

〒101－8701
東京都千代田区神田神保町3－3
電話　03（3265）2084（編集部）
電話　03（3265）2081（販売部）
電話　03（3265）3622（業務部）
www.shodensha.co.jp

印刷所　堀内印刷

製本所　ナショナル製本

　ISBN978-4-396-31435-4 C0120

祥伝社黄金文庫